文化策劃實務

李錫東◎著

王序

策劃是一個過程,也是一種運用腦力的理性行為。基本上所有的策劃都是針對未來的事物。也就是說,策劃是針對未來要發生的事情作出當前的決策。換言之,策劃是找出事情的因果關係,衡度未來而採取的措施,並以之作為目前決策之依據。策劃是實現決定做什麼、何時做、誰來做。策劃如同一座橋樑,它連接著我們目前之地和我們要經過之處。文化指的是人類社會歷史上所創造的全部精神和物質財富;文化策劃則是指策劃人通過對文化環境的市場調查和系統的分析,利用已經掌握的有關文化資料及手段,科學地、合理地、有效地推動文化活動的進程,並且提前判斷文化活動開展的順利程度及其效果,具有一定功利性質的活動。文化策劃的基本要素是由策劃者、策劃商品、策劃目標及策劃方案等四個部分構成。近幾年來,隨著科技的發展與網路的暢通,企業參與國內外市場競爭頻繁,企業文化與形象受到了企業內外的普遍關注,良好的形象是企業的無形資產,是企業爭強獲勝的利器。但是企業文化的塑造與建立不是一朝一夕的事,涉及到企業的方方面面。因此在進行文化策劃時,一定要全面考慮,精心設計,為企業形象的具體塑造打下一個好的基礎。

本書是錫東幾十年工作經驗的濃縮以譜成文字。從如何定義策劃、到定義企業文化策劃;從文化策劃的基本原理到文化策劃的目標設定與實施方案,在前三章基本概念篇裡都有很詳盡的交代;第四章以後則是依據不同的文化產業特性,分別作了應用說明。本書文字淺顯易讀,編寫邏輯清晰,讀者可依個人興趣挑某些章節輕讀,也可花個一、兩週一氣呵成將它徹底讀通,相信讀者閱畢後對文化商品的策劃能力將大幅提升。

本書作者李錫東先生在經營實務及社團活動的表現非常傑出。他是一位成功的出版業者,經營圖書出版及通路事業相當有成,業績傲人。在社團的成就更是有目共睹,除甫當選臺北市出版商業同業公會理事長,之前也曾擔任過中華民國圖書出版協進會的副理事長及中華圖書出版基金會常務理事,其他社團的頭銜也一個兒沒少。錫東樂於從事兩岸經貿活動,常見他帶團在兩岸進進出出,一會兒北京一會兒廈門,在北京他帶台商,回到臺北他陪同的又是陸客,兩岸圖書交流活動在他的策劃下,不僅建立了雙方感情更活絡了商情。我想這就是為什麼他會寫這本書的理由!

若干年前看著錫東身穿粗布衣,背揹書袋,東、南、西、北四處奔波,如今西裝領帶、坐擁華城、手握金筆、竹簡成冊,他的傑出表現令人肯定與欽佩。今逢錫東新書出版,邀余為序,余心喜為之!

王祿旺

2008年9月 於世新大學圖文傳播暨數位出版學系

魏 序

．．

最先和最後的勝利是征服自己；只有認識自我、正確的規劃自我、嚴格的管理自我，才能站在歷史洪流中開創嶄新的人生。 ——柏拉圖

在全球化與科技化兩股力量的推進下，全球新經濟型態已轉變為以創新為主之知識經濟型態，「全球思考、在地行動」更成為二十一世紀之主流思維，文化創意產業思潮已成為社會經濟體制發展的主流趨勢，期待藉由結合藝術創作和商業機制，增強社會人眾的文化認同與更新產業經濟的發展價值。

台灣文化創意產業的發展政策，即是以產業的概念形態，重新定義文化產業的價值，開拓創意領域結合人文與經濟，以發展兼顧文化積累與經濟效益的產業，強調在地的文化特色，結合豐富的創造力，運用創意的概念來思考優質化的生活。台灣文化創意產業參酌了各國的文化創意產業及台灣的產業特性，其內涵乃是將創意或文化積累，透過智慧財產的形成運用，創造具有財富與就業機會潛力，並促進整體生活環境的提升。

政府在界定文化創意產業範疇，除了考量符合文化創意產業的定義與精神外，加上了產業發展面上的考量依據，以就業人數(或參與人數)，產值或關聯效益，成長潛力，原創性或創新性與附加價值等原則加以規範。因此，產業範疇包括「視覺藝術產業」、「音樂及表演藝術產業」、「工藝產業」、「文化展演設施產業」、「設計產業」、「出版產業」、「電視與廣播產業」、「電影產業」、「廣告產業」、「數位休閒娛樂產業」、「設計品牌時尚產業」、「建築設計產業」和「創意生活產業」等產業類別，並選擇都市核心地區建立文化創意

聚落，讓文化創意工作者形成創意網絡，建立區域性整合聯盟，提供訊息交換與產品流通平台，開創現代化行銷方式。

發展文化創意產業的目標，期望提升社會大眾的生活品質，透過文化、藝術和產業的結合，讓生活與環境中充滿「真、善、美」的文化內涵，透過文化創意商品媒介，讓傳統文化價值的底蘊呈現具有現代化、趣味化、生活化與互動化的形貌，經由生活與環境美學的再造與實踐，使得社會大眾能親身體驗文化意涵的價值。近來藉由社區再造策略，成功的激發在地居民的創意與想像力，將藝術活動落實在生活中，進而提昇在地文化發展的更新活力。然而，文化創意產業發展藉由傳統文化特色元素的導入，創造在地文化商品內容豐富度與文化特質，建立具有自身文化意涵的商品特色，並透過行銷方法來推展，讓在地文化精神得以再現與散播。

文化創意產業之推動，主要是以「創意」為核心之研發、設計與行銷領域，將無形、文化為本質的內容，經過創造、生產與商品化結合的過程，除對文化內容進行創新加值，並為個人與社會創造新的群體價值。文化創意產業發展兼顧了文化保存與產業發展，並藉由文化產業化之過程，透過參與體驗各式各樣的文化消費活動，促使社會大眾對傳統文化價值的再省思與注入新活力，共同分享和創造文化的內涵，豐富文化價值的時代意義。文化創意產業之發展，經由策劃與開發具有傳統性的文化資源與產業，形成生態性的創新整合，建立永續經營發展模式，藉此促進社會更新發展與社會文明的提升。

李錫東先生是一位資深出版人，擔任台北市出版商業同業公會理事長任內，運思擘劃產業未來發展，期為出版文化界盡一份心力，令人敬佩！文化創意產業

之發展需要一套縝密規劃的系統化知識體系與運作模式，而出版產業向來就是文化事業的主要核心產業之一，錫東兄的大作正好為文化創意產業在策劃、行銷與管理等面向上，提供了兼具理論與實務的教戰守策，極富參考價值。錫東兄囑咐我為本書寫序，實在愧不敢當，台灣正大力推動文化創意產業發展，需要更多的專家論著，為產業發展點一盞明燈，我想錫東兄的努力，是拋磚引玉，大家都看見了，我特別為他所付出的心力表示敬意。是為序。

魏裕昌

序於華岡中國文化大學資訊傳播學系

序 言

．．．

　　經濟是時尚生活基礎，文化是生活整體建築。文化策劃就是經濟發展的指揮棒。正如我們所知道的，策劃在其自身的發展過程中，必然要尋求多種學科的技術和理念支援；而文化又是人類社會生活的重要內容，文化發展的程度代表著社會文明發展的水準。所以，策劃與文化的結合，是一種社會發展的必然趨勢，文化策劃的概念和活動也隨著社會的發展而逐漸重要。

　　說到策劃，也許一般人並不是十分的瞭解其概念和實質性的內容，但不可否認的是，在生活當中，我們肯定會或多或少、直接間接地體驗著策劃所給我們帶來的衝擊和影響。譬如我們使用的一件商品，我們是從商場或是超市買來的，買回來就是為了使用，問題是我們為什麼單單要買這一品牌呢？答案也許會是因為它的大眾品牌知名度、品質優良以及其他的諸如售後服務此類的公開承諾。那麼我們又是如何獲得這種資訊的呢？這多半是從廠商廣告中獲知的，這就是所謂的廣告效應。

　　廠商透過廣告宣傳帶動其商品的銷售，這一行為依託的就是一套合理有效的策劃預案，由此可以看出策劃在商業運作中的可行性和重要性。與此同時，我們更應該看出，策劃是一項知識系統性的工程，是一種社會多學科交叉運用的過程，在以實施行銷、獲取自身效益為基本前提之下，還應該兼顧多方面的社會效益。

　　事實上，文化策劃雖然被賦予更多的文化概念、性質和意義，但其策劃本身的性質並沒有改變，追求效益和功利仍是其最終所要達到的目的和宗旨，只

是在文化策劃過程中，社會意義和社會價值被更為重要地凸顯出來。這已經很有意義，文化策劃活動對於一個有著悠久歷史和文化傳統的國度來說，其價值和意義是不言自明的。成功、有意義的文化策劃活動，能夠弘揚民族文化，提高社會文明程度，促進社會進步，保持社會的穩定與發展。

在全球文化大融合的當代社會，每一個民族的文化也都在承受著外來文化的衝擊，如何抵禦和消除這種外來文化的衝擊，保持自身特質的獨立性和連續性，就顯得尤為重要。而文化策劃活動的經常性展開，無疑是我們對本民族文化的自我認同和自信心的樹立與堅持，所以，我們更應該以積極的態度去認真對待文化策劃，以務實的行動去體現文化策劃的積極意義和價值。

筆者從事出版文化產業二十餘年，本書稿累積多年之實務經驗陸續成章，原係個人之經驗筆記，只是一家之言難登殿堂，本未想過出版成書。然而筆者去年（2008年）10月起擔任台北市出版同業商業公會理事長，深感文化產業從業人員除了學院內艱澀專業的學術養成外，相當缺少實務操作方面的相關書籍，加上許多友人咸認本文稿不僅有理論的基礎，而且有很強的實用性，可以從理論走向實際的應用效果，對於從事策劃相關工作的從業人員或是相關科系的學生有很好的引導作用，力促本書的出版。

最後，筆者要感謝世新大學圖文傳播暨數位出版學系王祿旺主任、中國文化大學資訊傳播學系魏裕昌主任長期來對筆者的關愛與教導，並為本書跨刀作序。

李錫東

謹識於紅螞蟻

目　錄

基本概念篇

第一章　文化策劃的基本概念

第三章　文化策劃的基本功和方法

基礎篇

第四章　影視文化產業的策劃

第六章 商業展覽活動中的公關策劃

第七章　企業形象與品牌的文化策劃

第十二章　咖啡文化策劃

第十四章　公法人／公益團體文化策劃

研究探討篇

第十五章　世界著名的文化策劃流派

基本概念篇

文化策劃（Culture Plan）是策劃學（Science of Culture Plan）在文化產業
中的應用形式，是文化產業實現自身社會價值和經濟價值的重要方法。所謂的
文化策劃，指的是策劃者要對文化環境先做市場的調查，然後進行系統分析，
利用已掌握的有關文化資料和方法，進行合理化、系統化、科學化實施文化活
動，並且要預測文化活動展開後的效果，這些活動，為現代商業社會經濟發展
創造無限商機。

第一章　文化策劃的基本概念

1. 文化策劃的概念與內涵

在深入瞭解文化策劃之前，我們首先來對策劃（Plan）概念淵源與發展做一個初步認知和瞭解，它有助於我們去瞭解策劃行為的原始動機和目的、策劃行為的早期生態狀況。

（1）早期策劃概念的出處

早 期 策 劃 的 概 念 與 出 處	
美國哈佛企業管理叢書	策劃做為一種程序，其本質就是一種理性運用腦力的行為。
辛棄疾著《議練民兵守淮疏》	《疏》中云：「事不前定不可以應猝，兵不預謀不可以制勝。」將策劃定義成提前計畫要從事的事情。
《史記・高祖本紀》	《紀》中云：「運籌於帷幄之中，決勝於千里之外。」在此將策劃定義成運籌千里戰事的謀略。
《孫子兵法》	《孫》中云：「多算勝，少算不勝。」 這裡把策劃定義為做任何事之前，必須在腦海中盤算好再出手，才能穩操勝算。

{ 原表見http://bbs.868job.com/adv-20564.shtml }

（2）策劃學（Plan）的基本含義

策劃即計畫，其詞義主要是指：計畫、謀劃、籌劃。「策劃」做為《策劃學》的基本內容，它的含義已經是原有詞義的擴展與豐富。

策劃是要求立足現實，並以創意取勝的科學程序，並透過這種程序來預測事物的發展走勢，捕捉到機遇，並整合各種資源，制訂出可實施的最優方案，以便有效地完成所設定的目標。策劃定位為人類最高智慧結晶的標誌，不管屬何者範圍、領域，無論是施於己或用於人的，都是人為的 定心理活動的結果。我們也可把策劃視為大腦對人際關係、對周邊感應因素和對學識經驗創造性地吸收，融合後產生的一系列思維活動。

策 劃 基 本 條 件
1. 必須有創意、新理念方案、新主題詮勢，要拓展創新獨特思維。
2. 以現實性為原則，充分利用現有存在資源為主，專業性強。
3. 要把現實和創意兩者相結合，掌握好天時、地利、人和的客觀要素，預測規劃事務發展未來趨勢，跳脫常態思維逆向思考，順勢機遇造化而行。
4. 要應用各種資源進行分析整合，設計整理出一套完善的可行性執行方案。

（3）策劃與文化策劃的內涵

無論是策劃本身還是所謂的文化策劃，二者在社會實踐的過程中所體現出的社會效益和所表現出的社會性質大致都是一致的，都具有很強的內涵性，這種內涵在以下兩個方面得以體現：

策 劃 學 與 文 化 策 劃 的 內 涵	
策劃的內涵	策劃是隨著人類的實踐活動的逐步發展，和智慧水準的不斷超越發展起來的；人類的智慧創造是策劃的動力、人類的實踐活動是策劃發展條件，策劃水準直接體現社會的發展水準。
文化策劃的內涵	在發展過程中，策劃自身的科學性不斷加強，與各學科的關係日趨密切；而文化活動是人類社會生活中的重要內容，文化的發展程度代表著社會文明發展的水準。策劃與文化的結合是策劃必然的發展趨勢。成功的文化策劃，能夠弘揚民族文化，提高社會文明程度，促進社會進步，保持社會的穩定與發展。

　　無論是古代還是現代，策劃普遍存在於人們的日常生活之中，也存在於文化以及社會的各個領域之中，人們在做事情之前所做的構思（Conception）、專案（Project）、設想（Assumption）、假設（Hypothesis）等皆是策劃表現的具體形式。

2. 文化策劃的定義與理論研究

（1）文化策劃的定義

　　以文化活動或是以解決文化藝術問題為目的而進行的計畫活動就是文化策劃。

　　在文化策劃中，策劃者要對文化環境先做市場調查，然後進行系統分析，利用已掌握的有關文化資料和方法，進行合理化、完整化、系統化、科學化推展文化活動，並預測文化活動展開後的效果。文化策劃的基本要素是由策劃者、策劃商品、策劃目標、策劃方案四個部分構成。

企業文化策劃的戰略意義

　　企業文化策劃對於企業自身所進行的一種戰略規劃，這種規劃是非常必要的，戰略意義如下：

企 業 文 化 策 劃 的 戰 略 意 義
1. 為企業的發展方向提供依據。
2. 有利於團隊建設。企業文化策劃中的價值觀把企業全體員工的思想統一協調起來，使所有的人緊緊凝聚在一起，為共同的目標奮鬥。
3. 競爭加劇要求企業進行文化策劃。世界經濟一體化程度加深，競爭也國際化，要求企業立足長遠，克服「策劃近視」，在激烈的商戰中進行文化策劃，增強競爭力，使企業在競爭中立於不敗之地。
4. 企業文化策劃是成就世界名牌和名牌企業的必經之路。如美國的福特汽車公司、可口可樂，日本的豐田汽車、松下電器、新力電器，這些名牌的背後都包含著企業文化的附加價值，也是由於文化，才使其成為世界名牌。

（2）文化策劃的理論基礎

　　廣義而言，文化指的是人類社會歷史上所創造的全部精神和物質財富；狹義而言，文化指的是社會意識形態及與其相適合對應的舉辦建構和法規制度。文化具有整體文化、舉辦文化和個體文化三種內容。其中舉辦文化介於其他兩者之間，是一種亞文化；企業文化就是一種特殊的舉辦文化。

　　管理學是舉辦文化的具體體現，文化策劃的理論基礎來自管理學，管理學的發展經歷四個階段：

管 理 學 經 歷 的 四 個 發 展 階 段	
古典管理理論階段 （19世紀末～20世紀初）	又稱科學管理階段，創立人為美國人泰勒及享利‧法約爾。這種管理理論的核心就是「胡蘿蔔加大棒」，重視物質激勵及嚴格的規章制度。
行為科學理論階段 （20世紀40年代～50年代）	代表人物為哈佛大學教授E‧梅奧，他進行著名的「霍桑實驗」，提出「社會人」，注重情感溝通，精神激勵，來發揮人的積極性。
新興管理科學階段 （20世紀50年代中期）	這時期出現麥克雷戈的「x—y」理論。強調個人自我約束，自我控制及自我實現。
企業文化理論階段 （20世紀80年代）	這時期代表人物為美國加州大學管理學教授威廉‧大內，提出「Z理論」，其核心內容提倡「愛廠如家」。

（3）文化策劃中的知識管理

　　所謂知識管理就是要促使人們將隱藏在內部的知識讓它外部明顯化，並在團隊舉辦中有效地運用掌握的知識來產生效能的管理過程。

知 識 管 理 的 四 個 階 段	
知識獲取	指企業或舉辦對知識資產的獲得和學習。對知識的獲取主要是學習理論知識和經驗知識，大多數的企業在知識獲取的運作中都會涉及到培訓學習與經驗傳授的內容，只是沒有進行系統化和規範化的運作而已。
知識存儲	傳統的知識存儲的方式是書籍和大腦。而隨著高科技的興起，知識的存儲主要由電子資料庫來進行各種資料的管理。在知識管理中，知識存儲涉及的內容比較多，其中包括客戶資源中存儲的相關資料和關檔，以及各類合約、單據和公司每年下發的文件等內容，也有許多資料分散在各個部門和各個經辦人的手上。

知識分享	知識分享較多地受到員工個人因素的影響，是知識管理中相對較難處理的問題。大多數的企業和舉辦，透過多年的實踐、運作，都會形成自己，企業或舉辦內部獨有的知識分享機制和方法。
知識利用	管理的目的就是要創造效益，知識管理的目的也是如此。透過知識管理為企業創造更多的效益，這是知識管理的主要目的。有效地管理企業的知識資產，將員工的個人知識也變成企業有效的知識資產，企業就可以在這個基礎上充分運用這些知識資產來創造利潤。

關於知識管理，另外還存在兩個方面的難題：

第一、知識管理與創新之問的矛盾：員工透過知識共用平台很容易獲取各類相關知識和解決問題的辦法，但是也容易形成一種依賴心理，抑制員工的獨立思考與創新。這個矛盾也與企業文化相關，如果企業營造一個鼓勵創新的氛圍，這個影響就可能很小。此外，還可以制訂相關的激勵措施來鼓勵知識創新。

第二、知識共用與企業保密制度之間的矛盾：哪些知識是可以共用的？哪些知識屬於企業機密？這個需要企業管理者從大局的角度去思考和把握，制訂出相關的措施，採取必要的方法來保護公司的知識資產，同時又能使知識充分共用。

3. 文化策劃常用的術語

（1）文化資源 / 文化資本

A、文化資源（Cultural Resources）

「資源」被界定為「生產或生活資料的天然來源」。「文化資源」的概念大體上內涵：

文化資源概念內涵
1. 文化資源透過資本化、產業化改造，創造出巨大的經濟效益，開闢就業空間；表明文化資源是具有稟賦意義生命力、有應用價值的物質存在創造力和一些要素相集合一起成凝聚力。
2. 文化資源都是群體創造，對使用而言具有一定的完整性，也有排他性，不需要再費力去進行創造（新）。
3. 文化資源具有稀缺性和不可再生性，尚未對其進行開發和利用，它的價值具有潛在性。

文化資源定義為一種以最原始生態存在的、尚等待開發與充分利用的、具有一定市場增值潛能空間的，呈現所有文化成果與形態實體和應對空間。

B、文化資本（Cultural Capital）

關於「文化資本」概念的解釋，法國學者皮埃爾·布迪厄（Pierre Bourdieu），他是透過利用資本範疇在形式上的兩個特徵來解釋的，這兩種特徵是文化的可累積性和文化的潛在創利能力性。在社會學的意義上，也將文化定義為一種有價值的資本。因為文化可以做為一種強勢資源，能累積存量，並且與其他經濟資源之間具有較強的可轉換性，透過分配和再生產結構的傳遞，最終可融

入整個社會生產的再生產過程之中。

　　文化資本概念主要是從經濟學意義而言的，考慮的是文化資源對經濟生產與收益的影響，也就是說，我們如何用文化去賺取利益。

（2）文化批判 / 文化危機

A、文化批判（Cultural Criticism）

　　文化批判不僅是批判規範文化中的弊病，還對規範文化在形而上做出思辨。近代西方的批判文化中，最有影響力的代表學派就是馬克思（Marx）學派、法蘭克福（Frankfurt）學派和哈貝馬斯（Habermas）學派。

　　哈貝馬斯認為，文化商品的商業化從古至今都是批判的前提，二十世紀以後卻成為追求的目標，他主要針對大眾文化做深刻的批判，他對馬克思主義文化進行綜合批判，也結合第一代法蘭克福學派的工具式理性文化批判，在此基礎上，他把大眾文化批判的理論性原則，提高到社會批判的高度與意識形態批判的高度，使之更加規範化和理論化。

B、文化危機（Cultural Crisis）

　　時代是變化發展的，當一種文化不能夠與社會的發展需要相互協調時，就會產生種種弊端阻礙社會文明的發展，這時，就出現文化危機。或者說，文化自身不能與時俱進，要被社會所淘汰時，便是這種文化的危機時期。與時俱進的進行文化創新，是避免文化出現危機的方式之一。

　　當文化出現危機之時，也是正式文化批判興起之時，文化批判在某種程度上是挽救文化危機的先聲。

（3）文化創造／文化素質

A、文化創造（Cultural Creation）

簡單的講就是針對文化的創造性活動，文化創造包括舊文化的創新與新文化的產生。文化創造是舊文化得以發展與新文化得以產生的基礎。文化創造具有以下特點：

文 化 創 造 的 特 點	
文化創造與科學發展的關係	隨著最新科學技術的產生和運用，新的文化也會隨之創造和產生。譬如：網路的出現與網路文化的產生。
文化創造與古文化的發現	古蹟的發現與解釋，對新文化的產生有一定的影響。
文化創造與社會生產的需求	一種新的生產方式或職業需求，也能導致一種新文化的產生與流行。
文化創造與生活方式的需求	速食文化的出現與現代工作生活節奏的加快有必然關聯。
文化創造與流行時尚	一種新的流行時尚必然產生一種新的文化現象。

B、文化元素（Cultural Quality）

「文化」一詞最初起源於拉丁文的動詞「Colere」，意思就是耕作土地，後來引申為培養一個人的能力、技術、興趣、精神和智慧。「文化」概念是在1871年由英國人類學家愛德華·泰勒提出的，定義為「文化具有整體的複雜性，包括法律、知識、信仰、風俗、藝術、道德以及其他身為社會一分子所兼習的任何習慣與才能，是人類為自身適應其環境和改善生活方式的一切活動的總成績。」

因此，文化元素是豐富多彩的，應該說，它包含文化內涵的諸多方面，簡單

的說，文化所具有的元素都屬於文化元素，而且這些元素也會隨著時代的發展而不斷更新與變化。

知識元素	情感元素	理性元素	藝術元素	意境元素
歷史元素	法律元素	風俗元素	信仰元素	道德元素
旅遊元素	地緣元素	教育元素	科學元素	

（4）文化創意 / 文化創新

A、文化創意（Cultural Creative）

這裡所說的「創意」就是人們平常所說的「主意」、「點子」、「想法」，好的主意就是「好的創意」（Good Idea）。這些「主意」、「點子」、「想法」，通常情況下源於個人的創造力、技能或才華。創意人人都會有，即使是沒有文化的人也會有自己的創意，而且自古就有的，發展到後來，有些商品化的創意成果就開始形成知識產權。文化創意是創意在文化方面的具體實踐。

B、文化創新（Culture Innovation）

文化創新就是文化本身要不斷結合社會發展產生的新元素，創造出符合時代需要的新文化理念。新陳代謝是事務運行的必然規律，文化創新是文化自身得以生存和發展的基礎。即便是千年不變的《聖經》經文，也要根據時代的需要做出不同的解釋。學者們從古代文化典籍裡尋找符合現代需要的新理念，就是結合現代社會產生的新元素來發展古代文化和傳統文化。只有在不斷創新中，才能保持文化的生命力。

（5）文化活動 / 跨文化

A、文化活動（Cultural Activities）

　　從事與文化內容有關的一切活動都可以稱之為文化活動，因此，要明白什麼是文化活動，必須先弄清楚什麼是文化。按文化學上的定義，目前使用的文化含義分為廣義和狹義。廣義而言，指的是在改造自然和改造社會過程中人類所創造的一切，都屬於文化的範疇。狹義而言，指的是社會意識形態內容，即所謂的社會精神財富，包括教育、文學、藝術、傳播、科學等等，同時包括社會制度的形式與舉辦單位的形式。

　　廣義上的文化活動的內容是非常寬泛的，概括人們的經濟生活、政治生活以及日常生活的各個方面。從活動形式而言，它包括娛樂休閒活動、商務活動、體育運動、科技發明創造活動、學術活動等等。人類從事的任何活動，只要附加精神與情感元素，都可稱之為文化活動。但是狹義的理解，更多的是指與精神生活相關的各種活動。

B、跨文化（Cross Culture）

　　超出地域文化概念的文化接觸和交流都屬於跨文化的範疇。跨文化是不同文化之間建立關聯和溝通的狀態。在經濟全球化的時代，跨文化管理已經成為經濟管理與經濟交流的重要內容。

　　跨文化意識就是對與本民族文化存在差異或衝突的文化現象、風俗、習慣等有充分正確的認識，並在此基礎上以包容的態度予以接受與適應。

　　跨文化交流的最大障礙是語言障礙，因此，跨文化意識拋開文化去學語言是很難學到一門語言的精髓，也很難提高自己與商品之間人的實際交際能力；反而在從認識文化基礎上去學習語言，能收到事半功倍的效果。

（6）文化品位 ／ 文化底蘊（源）

A、文化品位（Cultural Taste）

文化品位定義在個人對於周圍事務的一種認知程度上，品位是建立在品級的概念之上，品位是一種社會概念和社會評價，一個人穿著乞丐服，可能有人會認為是新潮，但不會被認為有品位。文化品位是對高品質文化內容的社會評定。說一個人或一個文化活動有文化品位，指的是文化修養和文化含量達到某種社會人口的等級位置。

B、文化底蘊（Cultural Inside Information）

文化底蘊就是人們所秉持的、自身潛在的，或可上溯的、內涵豐富的、有高尚情操的道德觀念、社會價值觀念和人生理念等文化特徵。我們不能說某個地區的民風彪悍是這個地區人民的文化底蘊，文化底蘊足指人們所擁有的現有物質文化成就和精神文化成果的紮實功底及其較強的應用能力。狹義的文化底蘊是指某個人或人群的文史修養，廣義的文化底蘊則是指人們對人類文化精神的深刻認識與領悟。

（7）文化產業 ／ 文化產業化 ／ 文化創意產業

A、文化產業（Culture Industry）

文化產業是指文化企業以追求利潤為目標，配合「多元」以提高經濟效益，透過受眾最大化實現邊際效益的增長，並且維護環境景觀和生活傳統，做為不斷經營的資本，進而達到利潤最大化，提供社會公眾文化與娛樂產品和相關服務的活動，是知識性、休閒娛樂化、注重參與體驗的的產業。

　　文化產業是現代社會產生的一個富於生命力的新概念，因為新，所以還存在很多爭議，也因為文化產業隨著社會發展的變化其內容也隨之變化，它本身就是一個綜合的、複雜的、開放的、變化的創新理念，也是一個很難界定內容範圍的文化概念。

B、文化產業化（Cultural Industrialization）

　　「文化產業化」就是將在沒有形成經營理念和產生經濟效益的舊傳統文化元素，譬如：地方特色環境、傳統人文、特色景觀等文化資源，重新改造、維護、加入創意元素，賦予其新的生命力，在創意、想像力與科技方法的幫助下，使其重建、恢復和再造，並加以適度的包裝、粉飾、鼓吹和宣傳，使其成為能夠帶來經濟效益的文化產品，進而發展成具有文化價值和經濟效益的「文化產業」。

C、文化創意產業（Cultural Creative Industry）

　　文化創意產業也叫創意產業。所謂「創意產業」就是將人們的創意實現產業化，形成經濟價值的產業。今日，「創意產業」在英國倫敦僅次於金融業已成為排名第二的產業。文化創意產業的內涵相當豐富，它是以創意為中心，向大眾及分眾提供文化品位、體育競賽、藝術欣賞、精神感受、心理滿足、娛樂措施、遊戲產品的新興產業。也可以表述為「技術＋藝術」合成的產業，德國科隆創意產業最集中「媒體公園」、地價最貴倫敦的HOXTON最有代表性。

　　美國密蘇里州經濟研究與資訊中心發佈的「創意與經濟：密蘇里州創意產業的經濟影響的評估報告」更加具體將創意產業的觀念實踐意義說明，創意（創新）產業有三個基點：

第一、它與文化 —— 藝術、設計、體育和傳媒行業相關。

第二、它是新創業的有新的文化創意和運作方式的企業。

第三、從事創意工作的員工超過先前同類行業10％（成為劃分是否成為創意產業的實操標準）。

　　創意產業和創意經濟（Creative Industry Creative Economy）是文化產業總體發展到一定程度和階段的產物，1912年著名德國經濟史及經濟思想家熊彼德（Joseph Alois Schumpeter,1883~1950），他就明確指出創意經濟的產業；它是在全球化消費背景下發展起來的，它以推崇創新、個人創造力、技巧和才華，來強調文化藝術對經濟的支持與推動的新興的理念，是一個具有造就財富和增加就業潛力的新型行業，是一種爭奪目光的經濟方式。「創意產業」最早源於1998年英國政府的《英國創意產業路徑文化》報告中：「專指哪些從個人的創造力、技能和天分中獲取發展動力的企業，以及哪些透過對知識產權的開發可創造潛在財富和就業機會，並促進整體生活環境提升的活動」。

（8）文化產業 / 文化革命 / 文化管理

A、文化產業（Culture Industry）

　　個人不能主導文化的生產，對文化產品進行大量的工業化生產，就是文化產業。文化產品一旦大量生產，就成為廉價的「文化產業」了。舉個例子，畫家創作一幅畫，這叫「創意產業」，發售此畫的限量臨摹品，這叫「文化產業」，像印刷掛曆一樣大量印刷此畫銷售，這叫「文化產業」。

B、文化革命（Cultural Revolution）

簡單的說就是具有全面的有巨大影響力的文化變革就叫文化革命。

革命一詞在中文含義裡是有破壞與創新含義的，要革某個人的命，就意味著對哪個人的否定和批判，也同時意味著建立一種新的觀念。西方所謂的文化革命，如歐洲的文藝復興運動不是推翻或破壞而是先創新建設再改革，中國毛澤東時代的文化大革命就是要破四舊，立四新，要人們先搞破壞，再立新的。

C、文化管理（Culture Management）

對文化活動和文化產業進行有序的規範的管理行為就叫文化管理。文化管理是對文化單位和文化產業的管理。通常針對新聞媒體、文化教育、文化產業等的經營與管理。

（9）精英文化 ／ 大眾文化

A、精英文化（Elitist Culture）

社會精英群體所喜愛和奉行的文化都屬於精英文化。社會精英是社會中擁有一定地位和獲得成就的少數分子。精英分子通常指有一定知識和能力的成功者。精英文化與大眾文化是相對應的概念。

B、大眾文化（Popular Culture）

大眾文化是指工業社會中產生的、與現代市場經濟相適應的都市文化、市民文化。大眾文化與精英文化是相對而言的概念。大眾文化是現代商業文明與工業

文明結合的產物。

（10）物質文化 / 精神文化 / 無形文化資產

A、物質文化（Substance Culture）

所謂物質文化是人類以自然界物質進行創造的，跟自然環境存在密切關聯的，反映人類對於自然界認知的，能夠利用和深層次發展的，體現社會生產力發展水準的，人類所創造的物質財富之和。物質文化是整個人類文化發展的基礎。

物質文化指有物質形體或依附於物質形體的文化，譬如：古蹟、美術、建築藝術、音樂等。

B、精神文化（Spiritual Culture）

也叫非物質文化，是相對於物質文化而言的，也就是沒有物質形態，也沒有依附於物質形態的文化；譬如：節日、習俗、思想觀念等，近些年人們熱衷於把傳統節日申請為「非物質文化遺產」，就是有歷史淵源的精神文化。

非 物 質 文 化 遺 產 包 括 的 內 容
1. 口頭傳統和表述的文化。
2. 對自然界和宇宙認識的知識和實踐。
3. 民族傳統的思想意識和價值觀。
4. 形體與語言表演藝術。
5. 地方傳統的手工藝技能。
6. 社會風俗、禮儀與節慶。

非物質文化遺產由人們的口頭或動作形式傳承，是具有民族史累積、沉澱和大眾代表性的民間文化遺產，被人們譽為歷史文化中的「活化石」、「民族記憶的背影」。民族文化能傳播的市場愈大，民族文化本身所獲取的利潤及回饋也就愈高，對文化發展能夠產生「反哺作用」。如此民族文化自身的發展和文化產業的發展，形成一種互動回應，如近年外國人學習華語，相對使中華文化和華語相結合成為華語產業，帶來新商機。

C、無形文化資產（intangible cultural heritage）

2001年三月聯合國教科文舉辦提出「無形文化資產」（intangible cultural heritage）概念及定義如下：「人類學習過程中所需的知識、技巧與創意；人們創造的作品及其永續存在所需的資源、空間和社會及自然脈絡；上述過程讓現存的社會得以延續前人，對於文化認同及保有人類文化的多樣性，具重要意義。」在2001和2003年聯合國教科文舉辦評選出四十餘項無形文化資產，分佈於亞洲、中南美洲、歐洲、非洲及大洋洲；關於宇宙自然的知識和儀式內容含口述傳統及語言、表演藝術、儀式節慶，以及傳統技藝等。

（11）文化企業 / 企業文化 / 國家文化

A、文化企業（Culture Corporation）

對文化企業的定義，簡單的說就是以盈利為目的而從事文化產品的創造、舉辦生產和市場銷售的企業舉辦。

文化企業有以下種類：

文 化 企 業 的 種 類	
影視文化企業	包括影視劇的創作、製作、發行、銷售等企業舉辦。
工藝美術文化企業	包括工藝品和美術的創作、生產、銷售以及各個環節的舉辦和企業。
紙質文化傳媒企業	包括報紙、雜誌、圖書出版發行企業。
電子傳媒企業	電台、電視台、網路等，以電子方式傳播文化的企業。
文化人才的培訓企業	培養文化產業所需人才的企業和舉辦。
體育文化企業	包括球隊、體育場，球場、游泳池、健身的企業和舉辦。
會展文化企業	包括會展、外展覽、博物館的企業和舉辦。

B、企業文化（Corporation Culture）

　　企業文化是一家企業在自身經營過程中逐漸確立定型的經營理念、經營方針、經營目標、價值觀念、社會職責、經營作為、企業形象等的總和。企業文化從根本上體現企業的個性化發展，是企業生存和競爭發展的靈魂。

幾 種 不 同 的 企 業 文 化 定 義
1. 企業文化是企業高層管理者指導企業進行員工和客戶政策制訂的宗旨。（查理巴斯卡和安東尼阿索斯，1981，《日本企業管理藝術》）
2 企業文化是一家企業所推崇、信奉的主要價值觀。（特雷斯・迪爾，1982，《企業文化》）。
3. 企業文化是一種特殊模式，由一些事先擬定的基本假設構成，這些基本假設是企業在處理對適應外部和內部環境相結合的問題中，摸索出來的一套有效實施的方法，是企業新員工在認知、感受和考量問題時必須要認真掌握和運用的正確方法。（愛德格・沙因，1985，《企業文化與領導》）

4. 企業文化是企業員工們，尤其是對企業高層管理者而言，所普遍擁有的工作價值觀與行為方式。（約翰・科特，1992，《企業文化與經營業績》）

5. 企業文化是企業自身在發展過程中不斷累積、培育而形成的體現本企業特色的企業精神、經營管理理念和發展戰略，是企業所有成員普遍認同和實行的工作價值觀、企業道德文明觀以及行為規範。（學者的通常定義）

C、國家文化（National Cultural）

　　國家文化就是以國家為區域特徵的文化，包括國家的意識形態、政治制度、管理體制、歷史文化傳統、憲法與法律體系、國家的發展方向與奮鬥目標、外交主張、國際形象與地位等等國家層面上的文化內容皆為國家文化。

（12）文化差異 / 文化歸屬 / 專業文化 / 文化層次

A、文化差異（Cultural Differences）

　　各個不同國家、不同地區或區域、不同民族的傳統性的生產和生活方式以及民族風俗習慣決定文化差異性。

　　簡單的說，一種文化與其他文化之間的不同之處就是文化差異，包括古代文化與現代文化之間的不同也是文化差異。不同國家、不同地區、不同語言、不同種族或族群之間都有文化差異。文化概念本身包含多少元素，就可能存在多少文化差異內容。

B、文化歸屬（Cultural Belonging）

　　《現代漢語詞典》對「歸屬」一詞的解釋是：「屬於，劃定從屬關係。歸屬感就是感覺你自己屬於某一個特定的舉辦、地域和群體。」

　　文化歸屬是文化淵源與文化情感上的認同概念。譬如：東亞國家和地區對儒

家文化思想的文化歸屬與認同觀念，海外華人無論在中國大陸是哪個民族，在海外一律自稱華族（中華民族），這是中華民族大概念上的文化歸屬與情感認同概念，也是對炎黃歷史文化歸屬的認同觀念。西方白人對基督文化歸屬和希臘文化歸屬上的認同觀念，企業員工對企業文化歸屬上的認同觀念，家族成員對族譜以及祖居地的文化歸屬認同等等，都屬於文化歸屬概念。

C、專業文化（Professional Culture）

指的是某種知識的專門學科與知識體系，譬如：大學裡的專業文化課程，掌握某一學科知識者便具有某一學科的專業文化。專業文化具有專業知識的體系性，具有群體學習和系統傳授的特徵。

D、文化層次（Cultural Levels）

文化層次指的是人們透過受教育或自我修養的方式所達到的文化水準與修養程度。它通常也用學歷高低或專業職稱加以衡量。譬如：研究層次、教授層次、專家層次等等。

4. 文化策劃的要素、功能與特性

文化策劃有其最基本的內涵和外延，同時因為文化策劃不同於商業策劃，也有不一樣的要素組合、功能和特性。

（1）文化策劃的要素

策劃的目的就是透過事前的分析策劃以達到事情最終盡可能完滿的效果，策劃最終要尋求實施的過程和結果的證明。在完成策劃的實施過程中，有幾大要素是必備的，主要有策劃的主體、策劃的客體、策劃的環境等。文化策劃是策劃學的一種分類，所以也同時具備這些條件。

文 化 策 劃 的 要 素	
文化策劃的主體	文化策劃的主體，我們又稱之為策劃者（Planner），是指策劃活動的執行人（Performer）。文化策劃的主體按結構層次劃分為：國家策劃單位舉辦、策劃公司、策劃專家團、個人策劃者。
文化策劃的客體	文化策劃的客體，又被稱之為受策劃者（Object of Plan），是指策劃活動所實施的對象。文化策劃的客體包括兩大類，分別為：自然界的事物和社會中的事物及思想。文化策劃的客體或者為客觀物質，或者為主觀精神。但不能認為所有事物都可以做為文化策劃的客體，相關性與商品性是文化策劃的客體所必須體現的。經過策劃主體改造後的事物，才能夠做為策劃客體，所以說，一旦脫離主體，客體便也不存在。
文化策劃的環境	文化策劃的環境（Environment）又被稱作是文化策劃的外在條件，是文化策劃汲養的土壤。單單是策劃主體與客體的結合，只是建立起策劃的內部架構，想要使策劃得到實施，必須要具備一定的外部環境。

　　從文化的三個基本要素中我們能夠體會到，文化策劃的主體（Subject）、客體（Object）與環境之間是相輔相成、不可分割的統一體，任何一項要素的缺失，都會使文化策劃活動歸於失敗。成功的文化策劃是策劃主、客體和社會文化環境完美結合的統一體。

（2）文化策劃的功能（Function）

　　從西方人的聖誕老人到華人世界的舞龍舞獅，從埃及的金字塔到法國的艾菲爾鐵塔，這些都是文化策劃的具體體現。文化的發展離不開創造性的活動，這種創造性活動就是策劃。策劃推動文化的發展，文化愈發展，就愈需要策劃，策劃的作用和意義也就愈大。

文 化 策 劃 的 功 能	
文化策劃有利於教育事業的發展	透過文化策劃活動（Cultural Planning Activities），能夠提高全民的教育意識，重視教育事業的發展，調動一切可以調動的因素，團結一切可以團結的力量，為教育事業添磚加瓦；透過一系列的文化策劃活動，在全社會形成一種尊師重教的風尚，調動教育工作者的工作熱情及聰明才智，全心地投入教育事業中，為社會培養出更多的建設人才。
文化策劃有利於弘揚民族文化，促進文化事業的發展	文化策劃依託在一定的文化背景、文化氛圍、運用文化紐帶，來達成策劃者的預定目的，在策劃的預定目的達成的同時，民族文化也得到大大弘揚。
文化策劃有利於經濟建設的發展	文化策劃活動有助於合理開發和利用社會資源，能夠實現經濟成本與社會資源極大限度的節約，能夠增強市場競爭實力，能夠推動社會經濟的統一協調、持續平穩地發展。文化策劃所具有的特殊功利性不僅指策劃最終順利的完成，同時也包括由策劃所實現的經濟價值。
文化策劃有利於企業的發展	透過企業的文化策劃活動： 1. 有利於創造發展企業的文化內涵（Cultural Connotation），在企業中樹立一種積極向上、奮發努力的實幹精神風氣，增強企業的凝聚力（Cohesion），提高企業的整體素質。 2. 有利於樹立企業形象（Corporation image）、宣傳企業形象、塑造企業品牌形象，增強市場的競爭力（Competitiveness）。 3. 有利於企業的經濟價值更好地與社會價值結合，營造企業發展的大環境。 4. 有利於提高員工的業餘文化生活，特別是企業形象、企業精神、企業宗旨的文化策劃活動，更能提高員工的文化素質（Cultural quality）。 5. 有利於企業抓住市場機遇（Market opportunity），提高產品的市場佔有率。

　　表中分析文化策劃的五項功能，為我們展現文化策劃對於一個國家、民族、社會事業以及具體的社會舉辦所顯示的功能和作用，從中我們更能客觀、直接地感受到文化策劃的重要性以及實施文化策劃行為的必要性，對我們更好的從事文化策劃，推動文化的發展具有一定的指導意義。

企業文化策劃的主要功能

　　企業文化策劃對於企業本身及整個社會的發展都起著很大的推動作用，下面是具體的說明。

企 業 文 化 策 劃 的 主 要 功 能	
推動企業生產	1. 企業文化策劃激發勞動者的積極性，進而提高勞動生產率，保證生產效益的實現。 2. 促進企業管理機制的完善。 3. 增強企業員工的凝聚力。 4. 提高企業各個層次的員工的素質。 5. 協調企業之間的關係。 6. 使員工有一個良好的工作環境，把工作看成是一種享受，更加努力、積極地為企業服務。 7. 約束企業員工的行為。
促進社會精神文明	企業文化策劃使廣大員工以積極、健康的心態投入企業建設中，使企業的物質文明和精神文明得到極大豐富。而企業又是國民經濟的細胞，必然導致社會產品的極大豐富，促進社會主義物質文明建設。 企業的生存離不開社會這個大環境，企業文化策劃的好壞直接或間接影響著社會。優秀的企業文化策劃必然促進社會主義精神文明建設。

（3）文化策劃的特性（Characteristic）

　　和文化策劃實現多種的社會功能價值一樣，文化策劃也具有多重的自身和社會性質。由策劃立意到策劃的實施是一個複雜的過程，在這個過程中，策劃往往表現出地域性、功利性、時效性、創造性、超前性、社會性等一些性質特點。文化策劃同樣具有這些性質。

文化策劃的特性	
文化策劃的地域性 （Regionalism）	世界上每個民族都有其文化特色和地域特徵，文化策劃也應考慮到其地域性的特點，入境隨俗，把策劃與此時此地的特有文化巧妙的結合起來，充分發揮當地的文化和人文特點，給策劃賦予獨特的文化含義。只有這樣，才能更好地為不同區域、不同民族進行文化項目策劃。
文化策劃的功利性 （Utilitarian）	文化策劃的功利性指的是透過策劃能夠帶給策劃者或請託人經濟上的實惠或愉悅。文化策劃同時也是功利性要實現的目標，是策劃的基本功能之一。文化策劃的主體不同，策劃主題多樣，策劃的目標相對也有所差異。把文化策劃的功利性再進行區隔，又可分為長遠、短暫、利益、非盈利、實體、發展、權利、義務、享樂……等等。功利性是文化策劃活動的一個基準點，也是評價文化策劃活動能否成功、成果評判的要素。
文化策劃的時效性 （Timely Effectiveness）	文化策劃的時效性透過各企業舉辦在實施企業文化策劃時所表現的種種行為得以集中的體現，例如商品節日促銷活動。企業往往以各個節日為契機，向廣大消費者促銷自己的商品，這種促銷行為往往是短時期的「襲擊戰」，各種節日一過，促銷的幌子也將喪失，有關的策劃活動亦即宣告停止。由此我們能夠體會到，節日商品並不僅僅是一種純粹的商品，而是一種理念，一種文化信仰，一種文化氛圍的結合體。

文化策劃的創造性 （Creativity）	文化策劃雖然要源於文化底蘊，但又是超越現實，使策劃的主體行為成為科學、標準、程序化而事先做出的創新行為。舊者被新者替代的行為本身就是發展，策劃要實現策劃客體的發展，必須要有創造性的新創意思維。創造性的新創意思維是策劃活動體現創造性的基礎，體現策劃的生命力。
文化策劃的領導性 （Leading）	製作完成的文化策劃活動，必須要對行為的後續影響以及結果展開前瞻性的預測，必須要對後續的種種發展、變化趨勢展開前瞻性預測，必須要對策劃結果展開前期、中期、後期評估，這就是我們通常講的要有超前性。
文化策劃的社會性 （Sociality）	文化的發展和社會的進步是一體相連的，文化策劃必然要體現社會性。體現社會化發展趨勢，契合社會化需求，文化策劃才能更有效地達成訴求目標，反之，策劃活動則會受到妨礙。

　　以上就是文化策劃所具有的6種社會特性。瞭解文化策劃的特性，對於我們日後從事文化策劃有很好的指導意義，它有助於我們全面客觀地看待文化策劃在文化產業中真正實現的作用和價值，有助於我們正確分析造成文化策劃成功或失敗的誘因，有助於我們樹立文化策劃的責任感和自信心。

企業文化策劃的基本特點

　　企業文化策劃根據企業所具有的特性，也有著其基本的特點：

企 業 文 化 策 劃 的 基 本 特 點	
整體性	企業文化策劃是由一系列前後相繼的活動構成的，它們之間存在很強的邏輯關係，各個環節及要素要協調配合。
獨特性	「世界上沒有兩片完全相同的樹葉」，也不可能有完全相同的企業文化策劃。不同的國家或地區的企業，以及同一國家或地區的不同企業都有適應本企業的獨特的文化策劃。在產品中有「獨特銷售主題」，在企業文化策劃中也應別具一格，與眾不同，才能增強企業的競爭力，樹立良好的公眾形象。

發展性	一切事物都處於永無止息的變化運動中。現代社會節奏加快、瞬息萬變，企業在進行文化策劃時必須用發展的眼光，不斷地注入新的活力。

5. 文化策劃的項目與技術

　　所謂文化策劃項目（Project），是指文化策劃方法論與文化策劃技術在具體活動的綜合應用。

　　文化策劃項目是策劃文化科學賴以建立與汲取營養的泉源。策劃科學再完美，如果不體現在具體的項目策劃上，那麼這種科學就是虛幻的科學，如果策劃科學一旦應用到具體的實踐活動中，就會產生巨大的社會效益和經濟效益。

　　文化策劃技術（Technology）是保證文化策劃工程順利進行的基本條件。文化策劃技術也就是文化策劃工具，內容相當龐雜，概括而言，有狹義和廣義之分。

狹 義 和 廣 義 的 文 化 策 劃 技 術	
狹義	文化策劃技術從狹義而言是指策劃的技術科學。例如經典控制論、狀態空間法、排隊論、博弈法、網路法、庫存論、物元分析法、灰色系統法、電腦的建模技術（Modeling Technology）等等，文化策劃技術是文化策劃的定性分析。
廣義	廣義的文化策劃技術是通常的文化策劃學及其方法論的交叉結合。其中包括文化創意學、文化謀略學、文化歷史學、文化管理學、圖書出版學、新聞策劃學、教育策劃學、廣告策劃學（Science of Planning AD）等學科的內容。

　　文化策劃是以目標為起點，以資訊為素材，圍繞主題，展開創意，從某種程度而言，文化策劃就是一項充滿趣味和挑戰的創造性智慧活動，從一場智慧活動中去挖掘文化的原有內涵，並賦予它新的含義，由此推動文化的向前發展。

第二章　文化策劃的基本原理

　　文化策劃做為策劃的一個分支，它也需要明確策劃商品和策劃受眾的基本規律，特別是文化本身就是非常明確的人文情感特點，所以在策劃過程中把握好文化的演進和發展規律是十分重要的。

1. 文化策劃的四個要素

　　文化策劃是以文化活動或以解決文化藝術問題為目標而進行的策劃活動。文化策劃的要素由策劃者、策劃目標、策劃商品、策劃方案四者構成。

文 化 策 劃 的 四 個 要 素	
策劃者 （Planner）	策劃體現人類的高智慧，高級策劃者必須要具備較高的素質，既要知識淵博，有較強的分析和處理問題的能力，能以小見大，預測事情的發展方向，有舉辦能力，還要具備超越旁人的膽識和勇氣，有堅毅果決的性格，有創新意識，有能力讓別人接受和認可自己的策劃。
策劃目標 （Target of Planning）	目標帶領行動，引導人們獲取成功方向，策劃目標是整個策劃活動最後要達到的預期創意效果和策劃者預定達成的使命。策劃目標因環境條件的不同而制訂和實施，是評估和檢驗任務完成情況的成效。
策劃商品 （Object of Planning）	策劃商品是策劃的客體。在策劃活動中，它做為策劃目標指向的商品，是一個重要的要素。策劃商品可以是人，如相關公眾；也可以是物，如地區形象、文化展覽。策劃商品處於不斷發展變化的環境中，他（它）們隨著環境的改變而改變，因而策劃商品及所處環境的總體，是文化策劃活動關注的要素。
策劃方案 （Planning Scheme）	策劃方案是策劃主體從策劃目標出發，創造性地作用於策劃商品的產物，是在創造性思維的過程中，遵循科學的策劃運作程序和步驟設計完成的。策劃方案詳細地記錄計畫方法和執行過程，它是一次完整的策劃活動的最終成果。策劃方案為策劃提供實施過程中反饋資訊的參照依據。

2. 文化策劃的心理基礎和心理規律

　　文化策劃是人的策劃，更是針對人眾的心理策劃，因此，搞清楚文化策劃的心理學因素，對策劃的成功是非常重要的。

（1）文化策劃的心理學基礎

　　從本質而言，文化策劃是人類大腦對於客觀事物的主觀意識反映，人的思維活動產生對客觀事物的理性認識。文化策劃是人類意識思維的成果（Achievement），是思想觀念高度理性的東西，最集中地體現人的心理現象的最根本特徵。

（2）文化策劃的心理規律

　　儘管文化策劃千變萬化，但义化策劃的運作與成功是有它的心理規律可循的。主要是：

文化策劃的心理規律	
滿足心理需要	人的心理活動的先決條件就是心理需要，它是人產生行為的直接原因，也是產生人的個性積極性的根源。心理學大師馬斯洛（Maslow）將人的需要概括為生理、安全、愛和歸屬、尊重和自我實現五個層次，這些需要都一定程度地體現在人際活動之中。合理、有效地利用這些需要對策劃運籌極為重要。
利用心理弱點	對人的心理弱點進行合理、適當地利用，會收到意想不到的成效。譬如說，一家企業在大眾中有較好的口碑和信任感（Credibility），企業就可以利用人的心理定勢，開創新產品，用同一品牌開拓市場，以取得多元化效益（Diversification Benefit）；同樣對於一位暢銷書的作者來說，他（她）的新作極有可能登上暢銷書榜，其原因之一，也是人的心理定勢。

（3）文化策劃的心理障礙

文化策劃的心理障礙，是指策劃者在某種策劃之前或策劃過程中，在心理上形成某種痼癖或者定勢，自覺或不自覺地將思維導向背離客觀事物的主觀想像或願望一端，進而使策劃失算或失誤。常見的策劃心理障礙有以下幾種：

策劃的心理障礙	
定型效應 （Setting Effect）	是先入為主的思維方法，拿第一次印象或是先入為主的訊息，進而形成的種種認知去評定事物是非，做出判斷或決策的錯誤心理。
急功近利	為追求近期功效，往往忽略對方式、方法的正確性研究。自我感覺中，卻又常常把本來屬於眼前利益和局部利益，看成是極為重要的長遠利益和全局利益。這一急功近利的策劃心理，常導致策劃的失誤、失敗。
畏懼冒險	對於一個策劃者來說，畏懼風險，是策劃的一大心理障礙。由於畏懼風險，有許多本不困難的問題而變成難題，本已到手的勝利而功虧一簣。刻板現像是指人們常常將事物按一定的特徵分為若干類，對每一類都有固定看法，並做為判斷的依據。
刻板現象	刻板現像是對人和事物做出的最初級、最簡單的認知，這種認知雖然有助於對事物進行概括性的總結，但也容易造成錯誤性的判斷。

3. 文化策劃的品位與情感原理

文化策劃的品位與情感是文化策劃的靈魂，是對於文化策劃思維的一種昇華。文化策劃如果缺少品位和情感的支持，就會顯得空洞，毫無生氣可言。

(1) 文化策劃的高品位原理 (High Grade Principle)

品位，原本是指礦石中有用元素或它的化合物含量的百分比，含量的百分比愈大，品位愈高。

文化的品位，是文化活動中有用元素，即有利於人文精神、社會進步的因素含量的百分比，含量的百分比愈大，文化活動的品位愈高。

文化是人類長期實踐活動積澱而成的，它潛移默化地融入人類的思想中，並影響著人類的行為。文化的高品位，使人愉悅，使人陶醉；它能陶冶人的情操，激發人的愛心。高品位原理是文化策劃的基本原理，高品位的策劃能使策劃活動順利實施。並取得理想的結果。

高 品 位 原 理 (High Grade Principle)	
策劃的對象	策劃商品的願望及要求限制策劃活動的施行。策劃商品的素質，是策劃活動展開的基礎。能針對各種不同的商品採取對應的策略，使商品訴求達到消費滿足，使客體使用有理想的效果，才會使高品位得以體現。
策劃的目標	策劃目標做為方向性的領航員，要充分的被瞭解，才不致誤入歧途。
策劃者的眼光	策劃者要有前瞻性的眼光，有堅實的文化功底，才能取得高品位的效果。
堅定的信念	策劃者和具體實施者要有堅定的信念。只有堅定的信念，在觀念上重視，才能更加徹底地施行。

（2）文化策劃的情感原理

情感（Emotion）是一種心理過程或者心理狀態，對於客體是否滿足自身所需，主體往往會產生一種評價態度或情緒體驗，情感是人所特有的。對於人的行為，情感產生一定的選擇、指向性的作用。情感在性質和內容上取決於客體是否滿足主體的某種需要。滿足需要，就產生積極、肯定的正情感；否則，就產生消極、否定的負情感。此外，情感在表達和表現形式上以引起主體內部機體和外部表現上的顯著變化為基本特徵。當人做為文化策劃的客體時，人的情緒體驗對策劃會產生肯定、積極或否定、消極的認識和行為，進而影響策劃的最終成敗。

4. 文化策劃的特色原理

成功的策劃往往源於某些獨特之處，文化策劃也需要創意特色的支援。創意特色是吸引人的最大賣點。無論企業或者其他舉辦在文化活動中具有創意特色 —— 企業的創意特色或民族創意特色等等，都將是一枝獨秀，在眾多的競爭中顯出不同，取得成功。

特色對於文化策劃有著重要意義，那麼，如何使策劃富有特色，獨具創意呢？

創 意 特 色	
塑己或知己之路	己指策劃者，廣義上說也包括策劃商品及環境。「塑己」因為己功底不足。文化策劃是一門雜學，要求策劃者博學多識，瞭解自己策劃之事，懂得策劃商品的淵源、背景、現狀，甚至發展趨勢。
創造與光大之路	策劃者知己且知彼之後，要有創造與光大的意識。瞭解自己與對方，透過比較分析找出不同，以此形成特色賣點。獨特之處的塑立，還要有創造性的思維過程，無中生有，有中出新，新而求變。

5. 文化策劃的大眾化原理

　　大眾化認同與高品位特色是相融的，如果只是單純的追求事物的一面，只是從高品位的要求出發，策劃也失去應有的作用，文化活動也偏離本來的目的 —— 服務於民眾。藝術源於民眾，且需服務於民眾。所以有人在說「文化下鄉」時，也有人提出應該是「文化返鄉」。

文 化 策 劃 的 大 眾 化 認 同	
大眾化 （Popular Taste）	大眾化，並不等於落於俗套，不堪入目，它最本質的內容是服務於民眾，使人們喜聞樂見。文化策劃的商品，不管是人，是事，還是物，其最終要透過人起作用。只有人懂得、瞭解，能產生共鳴，才會發生強烈作用，實現策劃的目標。
通俗化 （Easiness）	專業藝術圈的人們對「深刻」有不小的偏好，而當一部通俗音樂劇成功推出，並得到人們的讚賞時，我們就會明白，通俗並不一定意味著缺陷。透過跌宕的劇情、優美的歌舞和精湛的表演，絢麗多姿的舞美、燈光，透過劇場內此起彼伏的掌聲，向人們傳達著：通俗同樣可以迷人。

　　通俗、大眾化正是基於人們的普遍要求，能為廣大民眾的普遍認同和接受，才能取得良好的經濟效益和社會效益。一部電影不能適合目標觀眾的興趣、愛好，電影不會有人看；一本圖書不能滿足目標讀者的要求，圖書也不會暢銷。

6. 文化策劃的創新原理

　　文化策劃的突破性和創新性是策劃活動成功與否的關鍵。創新最後引起人們的興趣，吸引人們參與。創新源於創造學理論和創新技法，策劃創新要求有非凡的獨創力（Original Creation Ability）。

在文化策劃中，所謂的獨創力，是要求「策劃如棋局局新，謀略如拳招招變」。真正的創新，還要求必須具有首創和獨創。

（1）創新的要素

創新的問題，運用心理學和創造思維學的術語來講，就是創造性思維問題。一項策劃，一種謀略，是否具有創意，是否具有創新，關鍵在於兩個要素：

創 新 的 兩 個 要 素	
雄厚的知識基礎	策劃者根基深厚，有廣博的知識，包括自然科學的天文、地理、新技術等；人文科學的社會學、倫理學、心理學、管理學、公共關係、文學等。從兩大學科中吸收文化知識，充實自我，才有可能在形形色色的策劃中，胸有成竹。同時，還需策劃者廣泛實踐，培養策劃創新的技能、思維。
策劃者需要有創造性思維	策劃創新的關鍵在於能不能打破舊有的思維定式，能不能解放單一的思維模式，進入多維立體思維空間。在策劃實踐中，不是策劃人冥頑不化，不想創新經營或創新策劃，而是苦於未能掌握獲得創新的技巧和方法罷了。

那麼，創新的真諦在哪裡呢？佛家講道，要有悟性，「悟性」也是創新之道，創新的真諦。策劃創新，要求有獨具匠心地「悟」，別出心裁地「悟」，獨樹一幟地「悟」，推陳出新地「悟」。「悟」出超越自我，超越他人的東西，「悟」出自己沒有，他人也沒有的東西。

（2）創新的技巧和方法

　　只要能悟出策劃創新的道，創新的思想、方法便融入你的心中，另外，再加上勤於實踐，就會應用自如。不過，學習掌握一些創新的技巧和方法，亦是十分必要和有益的。

創 新 的 技 巧 和 方 法	
借梯上樓	「借梯上樓」意思是用他人成功的方法，使自己更上一層樓。這種方法較為常見，也較為實用。「借梯上樓」並不等於純粹的「抄襲」，而是要結合自身的實際將他人的成功之道融入吸收，形成自己的優勢，進而使自身的層次有所提升。
借船渡河	何為「借船渡河」，由字面意思來看，就是借他人之船，渡己之身，也即「船」「槳」結合，解決新問題，但要透過一點發揮，進行一點革新，實現新飛躍。
推陳出新	世上的事情就是那麼怪，許多事物都有一個循環往復的規律。譬如：服裝的流行趨勢，前些年流行過又退出潮流的款式，過一段時期，又重新流行起來，當然每一循環和重新興起，總會有一些小小的變化，總會表現出時代的氣息，而不是完全的復古。這就是推陳出新。
逆向思維	按常規行不通，何不反其道而行之。所謂反其道而行，就是運用逆向思維，打破常規，獨闢蹊徑。有時，不能一條道走到黑，反常而行的結果，往往會產生全新的境界，實現創新。
創意組合	組合原有的東西後，就會產生新的東西。植物雜交，如小麥、玉米、大豆等等雜交後，就會創造出新的優良種類。文化策劃，若能按「雜交」、「組合」這種思路去做，同樣可以獲得創新的效果或結果。
彼伏此起	彼伏此起講究的就是一個時間差的問題，在具體的運用中，有兩點值得注意：其一：「此起彼伏」在使用中應該是：「彼地已有」但「此地卻無」才會有效。其二：「彼伏此起」在運用中應針對「此地」之實際，因地制宜，有所創新，否則就是完完全全地模仿。

綜前所述，創新之道從某種意義上來說就是：

創 新 的 三 種 形 式	
繼承中發展	相對舊而育新，無舊何以有新，繼承中有所創新。
通常性創新	平凡的初次展現，甚至可以是一定地域內的初次展現。
獨特性創新	執著追求的首創和獨創。

企業文化策劃的結構內容

企業文化策劃的結構內容包含以下幾方面的內容：

企 業 文 化 策 劃 的 結 構 內 容
1. CI（企業識別）策劃。 2. CS（顧客滿意）策劃。 3. 企業管理文化策劃。 4. 企業環境文化策劃。 5. 企業行銷文化策劃。

結語

在本章中，我們全面客觀地分析瞭解文化策劃基本原理的諸多因素。研究文化策劃的基本原理，是為給策劃活動一些指導，使策劃活動的內容更加充實、意義更為豐富。

最後需要強調的是，原理不能生搬硬套，要活學活用。重要的是能舉一反三，融會貫通，將各原理結合起來，有機搭配，實現策劃的成功。

第三章 文化策劃的基本功和方法

　　文化策劃最終能不能達到預期的效果，形成閃光點，產生巨大的影響力，其實施過程尤為重要，可以說過程決定結果。文化策劃的實施過程具有很強的科學性和系統性，是多種因素交叉作用的過程，在這個過程中，它需要我們規劃和執行好一套既定的策劃程序和策劃步驟，同時也需要我們講究一些合理的策略和行之有效的方法，明確文化策劃的基本原則和最終所要達到的目標。

　　在本章的內容中，我們將具體、系統地瞭解文化策劃的基本運作程序和制訂、實施方法以及文化策劃所要因循的基本原則。

1. 文化策劃的程序和步驟

　　策劃，是一個系統性工程，按照一定的科學程序進行策劃也就成為策劃成功的必要條件。因此，策劃要明確先做什麼，後做什麼，按照一定的步驟、章法去思考問題，在符合客觀規律的前提下去做。

企業文化策劃的基本程序

　　企業文化策劃基本的操作程序是：

企 業 文 化 策 劃 的 基 本 程 序	
確立目標	指明策劃的方向。
設計製作	為企業文化策劃制訂一個總方案。
審查分析	所設計的方案是否合理。

實施執行	把審查合格的方案付諸行動。
調整鞏固	環境是不斷變化的，要根據實際情況不斷進行調整，將好的方面鞏固並發揚光大。

科學的文化策劃程序應包括制訂目標、設計方案、選擇方案、實施方案。下面就這四步做詳細的說明。

（1）制訂目標的文化策劃

做出合理的目標並按照實際情況指引行動的方向，才能有序進行以後的策劃工作。制訂目標是整個文化策劃過程的起點，而制訂目標本身也是一個文化策劃過程。

制 訂 目 標 的 文 化 策 劃 過 程	
發現問題，分析問題	問題即機會，發現並解決問題實際上就是抓住機會。善於發現問題十分重要，有問題才能圍繞其展開研究，又避免工作的盲目性。對問題的敏感度是一名文化策劃人員的基本要求，不僅在乎注意搜集情報，更重要的是要從這些情報中發現機會，要善於整理、分類、研究。
明確任務，制訂目標	找出問題產生的原因，自然是要根據原因採取相對的方法去解決。但解決需有一個目標來衡量。任務是所要解決的問題，目標是達到的要求，目標是在明確任務的基礎上制訂的。

（2）設計方案的文化策劃

這是文化策劃的第二個階段，也是一個關鍵的環節。實現目標是所有設計方案最終的目的，這就要求方案的設計必須是圍繞如何實現目標展開的，在此前提下尋找、設計具體行動的方法、途徑、方法。設計方案時應考慮下列因素：

設 計 方 案 時 應 考 慮 的 因 素	
現有條件、能力	設計的方案應實事求是地根據自身現有的條件、具備的能力，不能盲目追求。
設計的創新	構思大膽有創新是一個策劃的關鍵點。如何能激發人的興趣、引起人的衝動而產生行動是策劃成功之處。大膽創新也就為設計成功奠定基礎。
方案要齊全且具有獨立性	設計出的方案要考慮多方面情況，因此，方案不可能是單一的，每一件方案都有自己獨特之處，這種獨特不僅表現在實際情況出發點不同，也有思維的獨特性，正是從這一點來說每件方案都有獨立性。
精心策劃	文化策劃要求考慮到實際執行中各個環節諸多方面的問題，對每個細節問題都不能忽視，如執行的進度、執行的預算等。精心的文化策劃保障執行中的順利完成，也為領導者提供評估標準。
編寫策劃書	設計方案的結果，是對這一步工作成果的反映。在文化策劃書中要羅列出設計好的幾件方案的各項內容，以供下一步選擇方案時做科學細緻的評估。

文化策劃書的結構主要有十項：

策 劃 書 的 結 構 要 求	
封面	封面註明下列四點：1. 策劃的形式；2. 策劃的主體；3. 日期；4. 編號。封面名稱應簡單明瞭，獨具新意。
序文	序文應體現策劃的目標，序文內容的敘述應體現整體概念，同時策劃者要盡量地把名人效應體現出來。
目錄	目錄應讓人看過後能瞭解策劃的整體情況。

宗旨	宗旨應將文化策劃的必要性、可能性和社會性等問題進行具體的闡釋。
內容	內容是文化策劃書中的主體部分。不同類型的策劃有不同的內容，總之，內容必須要使人一目瞭然，並有具體的可操作性，要儘量避免太過學術化，簡單明瞭。
預算	周密的預算能使費用使用更加合理、規範，使策劃獲取最大化的經濟效益。為了方便，預算案最好製成表格的方式。
策劃進度表	用時間表的方式把文化策劃活動的起始過程做規劃，某月某日做什麼事寫清楚，做為檢查策劃進行的尺規。
有關人員職務分配表	這一項是必要的人事安排，以明確哪些人應負什麼責。
文化策劃所需物品及場地	在什麼時間、什麼地點提供哪種方式的協助、需要準備哪些設備等事項，要提前安排，到時一切得當有序。
文化策劃的相關資料	列出參考資料等。

（3）選擇方案的文化策劃

文化策劃書已把設計方案的成果完全展示出來，此一步是對方案的選擇，方案選擇的好壞會直接影響到實施效果。選擇方案應把握四個原則：

選 擇 方 案 應 把 握 的 原 則	
目標原則	文化策劃方案的各個環節都要圍繞怎樣實現目標來展開，不能有所相反和偏離；另外還要注意一點，雖然有些方案是圍繞目標，卻沒有突出目標。
可行性原則	可行性要求方案既要立足於實際條件，又要根據當前能力是可實現的。
價值原則	要考慮投入和產出比是否合適，不僅要考慮經濟效益，還要考慮社會效益，要把握好投入與產出比，找到效益最大化的方案。

擇優原則	擇優原則就是最優的而並非最好的，最好的並不等於最優的，最優的應該要確實可行，最適合自身情況，風險和副作用最小。

企業文化策劃的四項原則

進行企業文化策劃不能隨心所欲、無所約束，它必須與所在國家的政治、經濟、文化等制度相適應，這些也就決定企業文化策劃的幾項具體原則：

企 業 文 化 策 劃 的 四 項 原 則	
以人為本的原則	這裡所說的人包括企業的員工、顧客、經銷商、零售商、社區的人及企業的競爭對手。如美國IBM公司的企業文化的首要內容就是：尊重個人。眾所周知，日本經濟超越美國，就是日本企業在發展中注重企業文化策劃，尤其是企業人的塑造。
針對性原則	企業進行文化策劃必須針對企業的產品市場、消費者、競爭者等實際情況進行策劃，切忌異想天開，毫無實踐依據。
創造性原則	企業文化策劃不能因循守舊，按部就班，必須標新立異，有創新。照搬照抄、模仿現有企業文化策劃都是不允許的。
效益性原則	企業文化策劃為企業帶來的是長遠利益。企業在進行文化策劃時，應做到經濟效益、心理效益和社會效益的統一。

（4）實施方案的策劃

這是策劃過程的最後一步。選定準備實施的方案，應制訂相對的實施細則，保證目標實現過程的順利進行。要保障方案的正確實施應做好三方面的工作：

保 障 方 案 正 確 實 施 應 做 好 的 三 項 措 施	
監督保障措施	科學的管理是自上而下每個環節都要責任、權利、利益明確，做好監督保障措施，這樣才會保障每個環節都不出錯或能及時改正出現的差錯。
防範措施	只有憑藉經驗或採取方法盡可能地做出全面的預測和相對的措施，才能最大限度地減少損失。正因為在制訂方案時經常會有考慮不周全的地方，事物的發展過程暗藏許多不確定性的因素，所以有必要制訂幾套備用的方案。
評估措施	要對各項措施的實施效果進行及時的評估。

　　從制訂目標的策劃到實施方案的策劃，這四個步驟是動態的組合在一起的，並不是獨立的。策劃的四個步驟是順序展開的，同時，各步又是對前一步的回饋，不能隨意跳過任何一步，又要注意每一步的回饋作用。同時，又由於策劃方案在實踐中的複雜性和曲折性，所以對整個策劃中每一個過程進行及時的修正與補充是必要的。

2. 文化策劃的目標與策略

　　文化策劃的目標就是文化策劃本身的立意之所在和其所要實現的結果，文化策劃的目標確立對文化策劃本身來說是至關重要的，沒有目標，文化策劃本身也就失去意義。而一旦確立目標，下一步就是要透過行動去實施了，在實施過程中，運用一定的策略，有助於文化策劃活動的順利展開。

（1）文化策劃的目標定位

　　文化策劃做為一門包含內容極廣、研究商品範圍極大的邊緣性學科，其具體的目標也是廣泛的，下面從五個方面加以說明。

文 化 策 劃 的 五 項 目 標

「賺錢」第	在當今世界市場經濟大潮中，文化脫離市場肯定不能生存，如何生存，如何發展，成為市場經濟下文化策劃的一個目標。經濟利益是生存與發展的實現途徑，只有保證經濟利益的實現，才能保證文化的發展，才有文化策劃的更高層次的發展。也正是從這個意義上說，「賺錢」第一。
政治宣傳	文化策劃具有宣傳功能，它能把政府的政策、國家的形象、人民大眾的生活宣傳出去。宣傳是為了溝通，促進政府與人民、國家與世界的溝通。政治是文化策劃本身的要求，又是其發展的一個前提。
弘揚藝術	藝術要發揚光大，除了要得到經濟上的支持，更為重要的是人的支持或者說是藝術愛好者的支持，即需培養大眾對藝術的興趣，引發大眾對藝術的關注。這一點在藝術形式上尤為重要。 藝術策劃在這些項目中，會為贏得更多的愛好者而做經濟利益等方面的犧牲。弘揚藝術，既有在現實中做宣傳又為將來發展做打算的雙重目的。
打出知名度	當今社會上許多時尚是從名人開始，如果一個人有高知名度，那麼他的作品、他的許多方面會被認為是最好的。
贏得美譽	這和打出知名度類似，只不過是更上一層樓，這個目標有時從投入與產出看比採取打出知名度更有利。 通常來說，贏得美譽是名人或出名的舉辦為了顯示自己的品質或者是不出名的人或舉辦為了出名。 贏得美譽的策劃多是個人或舉辦利用為公益做貢獻的機會宣傳自己，這種一舉兩得的好處正是文化策劃的一大特點。

（2）文化策劃的策略方法

在瞭解文化策劃的過程、目標以後，在針對不同的策劃項目，根據不同時期的背景、環境應有不同的策略。策略體現文化策劃中最核心的東西，策略體現著創意，創意的好壞決定著策劃的效果。以下的十種策略僅供參考。

文 化 策 劃 的 策 略	
抓住機遇	這種方式針對沒有名氣的個人或舉辦。機遇是等不來的,要靠自己創造並加以利用。假如有「暴發」的機會,不是很好嗎?當然,這就需要個人或舉辦有一定的實力累積。
以情感人	溝通常常以情感為紐帶,生活在市場經濟中的人們更是迫切需要情感的交流。利用情感取得大眾的支持,是一項有效的文化策劃策略。
先期造勢	對於事物,人總是有一種期待,能夠利用這種心理進行大力宣傳,會更令人覺得迫不及待。事物發展開始以後,人們會對事物的發展給予無限的關注。該策略比較適用於新片上映,新書上市或新的文化項目開發。
專家名人效應	專家名人通常在大眾心目中有著較高的地位和大批的追隨者,用他們做形象宣傳可以帶動更多地人。這點在流行文化方面體現較為突出。
服務大眾	滿足大眾的需要,意味著大眾對你的接受,對你產生好感,或對你產生「偏見」。這需要文化策劃中儘量考慮老百姓最需要的東西,以此來宣傳自己,獲得利益。
凝結族群	族群情結最易感染人,尤其是在危亡之際,以族群情結來進行號召是最具時效的,這種策略對於政治宣傳有很好的效果。
宣傳文化	保證文化的流傳與發揚光大,需要在一定時間、一定場合對其做出一個合理的策劃,既能保證有大的規模,又保證好的宣傳效果。
迎合特殊需求	在滿足大眾普遍需求的同時,還要顧及到一些人的另類需求,這些人在其需求得到滿足後所付出的回報更為誘人。
依託政府單位舉辦	由於政府單位在行政方面的優勢,可舉辦政府單位發起策劃。文化策劃利用這種策略,不僅可保障策劃執行的順利,又可提高策劃的可信度。

出奇制勝	出奇制勝，就是說要用不循常規的方法和方法，達到成功的目的。出奇制勝的典範不勝枚舉，有一則事例很能說明問題：美國第一顆人造衛星發射上空後，一家公司老闆想出在太空中用衛星做廣告，這一招引發外人大笑不已，而採取這一方法的老闆笑到最後。

3. 文化策劃的方法與原則

方法反映策劃中具體行動方案產生的過程，各種策劃方法都有各自的優缺點，關鍵是要利用好現有人力、物力資源進行科學的方法策劃；原則是策劃中對具體行動方案的指導準則，依據這些原則，策劃才能實現真正意義上的成功。

（1）人文方法

人是策劃的執行者，如何發揮好人的優勢，利用各種人才的互補與激勵來提高策劃效果是人文方法的一個重要方面。

人 文 方 法	
腦力激盪法（Brainstorming）	就是把人員召集在一起討論，每個人都能發言，提出自己的見解，但不能提反對別人的意見，然後把這些個人的意見綜合提煉，最後得出的策劃方案。當然，這些人員都應是對這方面問題有一定研究的專家。
調查法（Investigation Method）	即透過文化策劃者舉辦的調查，得到相關方面的資訊，然後對這些資訊進行分析得出結論，最後根據調查的結論進行策劃，策劃的直接依據是調查的資料。
經驗法（Empirical Method）	策劃者根據自己多年的策劃經驗，找出與本次策劃背景相似的一些案例，同時考慮不同的執行環境等因素進行策劃。

（2）創意方法

　　創意，是策劃的關鍵。創造性思維即是創意的基本條件，如何產生創造性思維即創意的方法。

創 意 方 法	
思維模式法 （Thinking Mode Method）	平時會有許多思維從不經意間冒出，這些想法是專注於某一事物在其中一點被觸發後產生的。這種方法其實每個人都有，只是常被忽視，而這種方法產生的策劃也會出奇效。
權變法 （contingency Method）	事物的發展不是固定的，其中一些因素會因不同環境的改變而發生權變，針對這種變化，在正常思維下，由於一點的突變，而產生相對的「不規則」的思維，這種思維是由於事物發展中突變而觸發的。
智能放大法 （intelligent amplification Method）	這種方法建立的基礎是對事物要有全方位、科學的認知，然後在認知的基礎上誇張地對事物發展進行設想，進而對其進行策劃。

（3）系統方法

　　系統方法是綜合哲學觀點與專門學科而進行的。主要的原理是把事物看成一個完整的系統，這個系統既包括自身組成要素的各個方面又包括各要素間的關聯，還有與這個事物相關聯事物間的關係與地位。系統的方法就要求從系統的一方面或幾個方面或整體出發，對其進行不同角度的整體分析。

系 統 方 法	
邏輯關聯法 （Logical Connection Method）	事物各要素及相關事物間總有一定的邏輯順序、關係。從這些關係入手，找出規律，做為分析問題的依據，而後再根據實際的條件、問題進行策劃。
預測法 （Prediction Method）	同樣需要找出事物發展的線索或規律，再對以前的資料及目前的情況預測其發展趨勢，根據預測的結果進行策劃。
主攻一點法 （Main Attack focus Method）	這一點實質上指的是事物的主要矛盾或矛盾的主要方面。事物間的關係存在是由眾多矛盾的相互交錯構成的，找出其中主要的方面，就可事半功倍，根據這一點進行的策劃也是最具實際效果的。
取向法 （Tropism Method）	找出事物內部及外部的關聯因素之後，要對其進行分析，有時並不一定只選取主要方面，要根據實際問題的側重點不同，選取一個或多個（甚至不是主要方面），根據這些因素的結合進行策劃。
模擬法 （Simulation Method）	有時策劃的項目沒有以前的資料或實例做參考，這就需要在找出內外部關聯性因素之後，與其類似的項目進行模擬，具體分析各因素的關係與地位，進而對本事物有一個清晰的認識。

（4）文化策劃的基本原則

　　文化是一種人類社會生態資源，具有廣闊的開發、利用空間。如今關鍵的一點就是看誰更具敏銳的文化與市場轉換力，誰就能在文化市場佔領先機，這一點無論是對一個國家、一座城市或者一個企業都是如此。

文化策劃在制訂過程中有其基本原則：

文 化 策 劃 的 基 本 原 則	
文化策劃的主題原則 （subject principle）	主題亦即主線，它是文化策劃的靈魂，始終貫穿於文化策劃活動的整個發展。抓住文化策劃的主題就能統覽文化策劃的全局，把握好各項策劃活動的目標和方向。
文化策劃的市場原則 （market principle）	文化策劃不僅要有好的主題，還要結合市場，沒有市場，好的主題也只能是懸空的樓閣。只有依託市場這個著落點，好的主題策劃才能碩果纍纍。
文化策劃的注意力原則 （attention principle）	產品的賣點就是要吸引人們的注意力，做一項活動就是要提升關注度。這很重要，否則就不能吸引人的目光。缺少亮點的策劃通常是不成功的。
文化策劃的整合原則 （integration principle）	把零星的資源進行結合凝聚成力的過程就是整合，化零為整，發揮各自最大的潛力。
文化策劃的藉勢原則 （borrowing power principle）	藉助於身邊的有利條件，順勢而上叫作藉勢。藉勢既需要智慧，也需要膽識，藉勢需要承擔風險和成本，然而一旦成功，情境就會大為改觀。文化策劃的藉勢是動態而非靜態的，要做到因時而易，這就是水無常形、勢無常態的道理。
文化策劃的高度原則 （the height principle）	站得高才會望得遠，策劃也是這樣。策劃以創意為靈魂，好的創意不但要形成亮點，還要體現高度。策劃活動的廣度和深度取決於創意的高度。

結語

　　完整的文化產業鏈曾在文化產業內部各領域之間做為一個載體、一個平台，其中關聯性和相互帶動性呈爆發性增強，文化策劃以此文化產品創造巨大的產值和利潤，這種融合化發展模式已成為先進國家文化產業發展的主流模式。譬如：中國大陸西安市的文藝演出業《仿唐樂舞》和《唐‧長安樂舞》與文化旅遊業簽訂為期八年的全年演出，受到中外遊客歡迎，使西安的文化旅遊業和文藝演出業挖掘出「唐」文化、「唐樂舞」系列不斷提高藝術含量和籌碼，共用品牌效應化，釋放的產業效應，極大地促進文化產業鏈互動發展，首重就是文化企劃做領軍。而「雲門舞集」和「那一夜說相聲」無法長期嶄新演出欠缺的就是文化產業鏈的文化企劃。

基礎篇

影視做爲文化的最直接的表現方式，已經成爲當代人瞭解過去、考慮未來的文化載體。它集文化、娛樂、教育爲一體，不僅給當代人藝術的享受，也給我們生活的覺悟，而這所有的一切都是因爲有影視策劃的存在。

第四章　影視文化產業的策劃

　　影視做為文化的最直接的表現方式，已經成為當代人瞭解過去、考慮未來的文化載體。它集文化、娛樂、教育為一體，不僅給當代人藝術的享受，也給我們生活的覺悟，而這所有的這一切都是因為有影視策劃的存在。

1. 影視策劃的概念

　　所謂的影視策劃（Movie and TV Planning），就是在影視作品中的選題、投資、導演、製片、演員的挑選、廣告宣傳、市場銷售等方面一系列的策劃。本節主要論述電影及電視節目方面的策劃。

　　一般來說，影視策劃又可以分為廣義的影視策劃和狹義的影視策劃。我們通常所講的主要是廣義的影視策劃。

狹 義 和 廣 義 的 影 視 策 劃	
狹義的影視策劃	狹義的影視策劃指電影或電視節目在拍攝的過程中佈景、攝影、錄音、演員的造型定位，以及鏡頭剪輯等的設置與安排中的策劃，如我們在看電影、電視時，片子的開頭或結尾都有許多字幕：總導演、製片人、攝影師、道具、領銜主演、燈光等等，這些人在影視拍攝過程中的安排就是一種狹義上的影視策劃活動。
廣義的影視策劃	廣義的影視策劃不僅包括狹義的影視策劃還包括影視拍攝前投資、選題定位以及拍攝後的廣告宣傳、市場競拍、新聞炒作等一系列的行銷公關大策劃。

2. 影視策劃的四個特性

影視策劃的基本特性有四個，即：創新性、系統性、針對性和市場性。以下對這四種特性分別做簡單介紹：

（1）創新性（Innovation）

從事影視策劃的最終目的就是為了征服廣大的觀眾。何以征服？就是要靠不斷創新的、富有傳奇色彩的影視策劃。基於這一點，也就決定影視策劃具有的勇於天下先 —— 創新出奇的特徵。

就影視內容、拍攝手法、廣告宣傳而言，影視策劃無不體現出標新立異。

影視策劃的創新出奇	
影視題材	用輕鬆、幽默的輕喜劇形式，演繹和化解厚重冷峻的歷史，這就是影視策劃的創新性。
拍攝手法	電影拍攝過程中由於高科技手法的運用，使我們進入一個更加新奇、更具魅力的電影時代。譬如：美國《獅了王》極力描繪一個充滿祥和與溫馨的動物世界，這些畫面都是電腦數位特技或電腦多媒體技術的傑作。
廣告宣傳	廣告宣傳中的新奇特點更為突出，好萊塢影片在廣告上所花費的資金和策劃是巨大的，一部片子能否獲得成功，前期的廣告策劃起了很大的作用。廣告宣傳吊足人們的胃口，是保證票房收入的主要手法。

（2）系統性（Systematicness）

影視策劃要求策劃人提出一套切實可行、多角度、多方位、安全係數高的方案。要知道笑到最後的人才是真正的勝利者。影視策劃要有始有終地貫穿於影視劇的創作、拍攝、銷售的全過程。

好萊塢大片《鐵達尼號》的整個策劃過程可謂用心良苦，其系統性極強。該片在未出爐之前，就透過廣告宣傳的力量，使觀眾翹首以待；「駛」出美國後，其新聞宣傳力度不減，一度成為各大媒體的焦點新聞，而且同時推出自己的正版影碟，使盜版者無機可趁，這也顯示其策劃系統性威力的巨大效果。

（3）針對性（Pertinence）

所謂影視策劃的針對性，就是指一切的策劃活動都是有的放矢，圍繞影視的創作、拍攝、廣告宣傳、市場銷售等各個環節上的某一特點展開的。

影視策劃的針對性	
選材符合時代性特徵	弘揚時代主旋律的真諦，這就決定影視策劃的首要環節 —— 選材要具有針對性。
拍攝手法的選擇具有針對性	富有針對性的拍攝手法在電影的創作中也廣為應用。好萊塢大片《鐵達尼號》是一部悲情戲，影片中大篇幅地對男女主角心理和行為的刻畫極具針對性，對整部影片的基調產生極大的渲染作用。
廣告宣傳應訴求賣點	廣告宣傳的目的就是要突出賣點，通常來說，主要有以下幾種形式： 1. 投資賣點廣告宣傳。 2. 以演員為賣點。 3. 藉助「名人」宣傳。

（4）市場性（Marketability）

影視策劃的創新出奇性、系統性、針對性、市場性，這些特徵都是由其最終目的 —— 征服觀眾所決定的。另外，這幾個基本特徵之間是緊密相連的，只有把握影視策劃的基本特徵，才能把影視策劃做好。

3. 影視策劃的操作程序

由於影視策劃具有系統性的特點，依據系統分析的基本步驟，影視策劃的程序可分為七步：明確目標；確定投資及規模；選定題材；拍攝過程的統籌安排；廣告宣傳；銷售；分紅。以下分別介紹：

（1）明確目標

影視策劃要始終圍繞著影視內容展開。影視策劃的最終目的就是征服觀眾，因此首先要弄清楚，究竟打算讓誰演這部影片，進而再決定影片的選題、性質等。從影視策劃的特性出發，在明確目標的過程中，應注意以下幾個問題：

影視策劃在明確目標的過程中應注意的問題	
主題意識	策劃人員要明確所策劃影視片所反映的主題，把有限的時間和智能貫穿其中，避免南轅北轍。
量力而行	影視策劃要充分考慮客觀環境是否允許以及本企業的條件是否可能，固然沒有條件有時也可以創造條件，但創造條件也要有一定的物質基礎，條件不是隨隨便便可以創造出來的。
取悅於觀眾	觀眾即為上帝，是那位最終掏腰包的人。影視策劃最終要做到把感受傳達給觀眾時，他們能接受。

（2）投資及規模

現在一提起一些著名影片，先說其耗資多少千萬美元，可見其投資之大。投資是拍電影的先行糧草，也是影視策劃所要考慮的首要問題。

因為投資具有風險性，影視策劃在考慮時應注意，要謹慎從事。並非投資的規模愈大愈好，投資規模愈大，其風險性也就愈大。再者，一部影片的好壞，與其投資多少也並不成正比。

（3）選定題材

　　這是影視策劃的畫龍點睛之筆，是決定整個策劃活動成功與否的關鍵所在，是策劃的核心之處。內容選擇是否上乘，是影視片成功的重要前提。

影 視 題 材 的 選 定	
題材選定，奇字當頭	影視題材的創造者一定要不斷地「造夢」，現實的夢與空想的夢才能引起觀眾的興趣。死水一潭，必敗無疑。
歷史題材的真實再現	選擇歷史題材的影視應注意以下幾點： 1. 創作者切忌抱有一種旁觀者和不介入的姿態，也不能認為歷史與己無關，要讓自己投入其中，觸摸到歷史與現實的脈絡，使歷史真正活起來，既讓觀眾感到真實、親切、深度，又讓觀眾以史為鑑。 2. 拍歷史題材的影視本來就是在尋求理想生命的凝聚方式，尋求一種生命的力度，尋求一種歷史的使命感和責任感，給古人畫像，給今人照鏡子。 3. 選擇歷史題材，不是歷史的傳承，而是歷史的創新。
影視策劃選材時犯的錯誤	錯誤一：盲目跟隨。 錯誤二：不重視劇本的品質，名不副實，頗有「掛羊頭，賣狗肉」的味道。

（4）拍攝過程中的統籌安排

　　在影視片的拍攝過程中，有一套合理、明晰的統籌安排是必不可少的，這是影視片拍攝過程中最基本、最具體也是最能出彩的工作環節。

拍 攝 過 程 中 的 統 籌 安 排	
場地的佈置與影視片的反映內容一致	一部浪漫的愛情片中，一定少不了能烘托浪漫氣氛的道具和佈景，譬如：紅酒、玫瑰、沙灘……等等。這些都是醞釀浪漫愛情感覺的物質媒體。

演員的安排及造型	在影視拍攝過程中，演員的安排及造型，對於劇情的突出，意義重大。對演員的安排及造型，只要你肯動腦筋策劃，其中大有文章可做。
電腦特技拍攝方式、手法的運用	電腦特技為影視製作開創了一個全新的局面。電腦特技能夠做出人力所不能及的動作或場景，但問題隨之而來，電影沒有演員，其藝術體現於何處呢？所以電腦特技也並不是萬能的，真實的表演魅力是電腦特技所無法替代的。

（5）廣告宣傳

　　影視片拍攝完之後，如何讓觀眾去瞭解它，這就是我們通常所說的該做廣告宣傳了。其實這只不過是廣告宣傳中的一部分罷了。我們這裡所說的廣告宣傳包括從影視開拍到拍攝中以及拍攝後一直到上映的整個的廣告宣傳策劃活動。它是影視策劃重要的組成部分，貫穿於影視策劃始終。

　　由於我們將在後文中詳細論述廣告宣傳 —— 新聞炒作，此處僅從純廣告宣傳的角度說明一下廣告宣傳策劃應注意的事項：

廣 告 宣 傳 策 劃 應 注 意 的 事 項	
個性化包裝	對影視的包裝，要突出個性，突出影片的特點，進行個性化包裝，給人產生與眾不同的感覺，勾起人們的觀看願望和期盼心理。
善用媒體	媒體做為廣告宣傳的工具，要慎重選擇。報刊發行量大，且成本低，廣告宣傳要選擇一些專門報刊進行影視宣傳。另外，在戲院中播放電影之前的新片預告的效果也很好。
注意定位	在影視廣告宣傳策劃中要注意：影片處於何種層次，哪一部分人會喜歡，什麼樣的宣傳才會有效果。

（6）分紅計畫

投資拍片，是一種商業形式。所以，投資方在處理「錢」的問題上，要謹慎從事，要事先做好利益分配的規定，事後嚴格按規定分紅，該是誰的，就是誰的。這一環節在影視策劃中是萬萬不可缺少的。

需要說明的是，上述所列的影視策劃的程序並不是萬能的，不是放之四海皆準的真理，只能說為我們的影視策劃提供一個參考步驟。正如本節開頭所說的，每個策劃人都要根據實際需要，在此基礎上有所創新、發展，才能真正的把影視策劃做好。

4. 影視策劃的市場「炒作」

一部作品問世，少不了媒體配合。現在影視製作的宣傳中，商業性手法進行的炒作隨處可見，其中最常用的炒作手法為「製造新聞」，引起關注。

製造新聞做為一種創新性、周密性和舉辦性很強的活動，在實際操作中，應注意以下幾點：

製 造 新 聞 的 幾 則 要 點	
善於把握時機	要做到掌握時機，善於發現並利用某些偶然機會大做文章。
匠心獨運，製造興趣點	製造新聞要做到別出心裁。新、奇、特是其突出的特點，只有創意獨特，構思巧妙，才會吸引公眾，引起媒體關注。
下大力度宣傳自己	要廣為宣傳，主動與大眾傳媒關聯。公共關係不提倡默默無聞，埋頭苦幹，做無名英雄，「酒香不怕巷子深」的觀念已不再適用，自己做得好，就要努力讓更多的人知曉。

切忌胡編亂造的不實之言	製造新聞必須以真實為前提，不能無根據的胡編亂造，欺騙公眾，它必須是真實的，另外靠虛偽造作、譁眾取寵來取得轟動效應的做法是不可取的。

　　影視策劃的新聞炒作一定要因其事件的新、異和事前的精心策劃，在謀劃過程中，做到自然、得體、順理成章。眾所周知，真實是新聞的生命。儘管我們可以「演」新聞事件，但一定要遵循真實的原則。

5. 影視策劃的本土化應用

　　我們用電視上的MTV為例說明，MTV是維亞康姆旗下的一家獨立公司，採用「全球品牌，本土運作」的戰略是非常成功的。在不同國家和地區，製作出最符合本土觀眾口味的節目，在臺灣及香港MTV會以影視明星動態報導為主，在中國大陸會增加民樂及戲曲部分，在日本製作會顯得時尚科技些，在義大利節目中呈現一派優雅風格……等等，1991年成立到現在就是執行因地制宜，充分授權的本土化戰略，使得MTV國際業務每年平均收入均以20%～30%的速度增長，成為普及全球化電視網路程度最多的，營造模式是在真正的實踐「全球地方化」（Glocalization）。臺灣影視市場在上世紀80年代曾輝煌一時，好景不常，就是拓展時本土化未深根，漸漸被中國大陸追上。好萊塢的名言：「好萊塢永遠都在尋找最好的故事，它發生在哪裡，對於我們來說並不重要。」所以，近年來有用名著改拍的賣座電影《指環王》、《泰山》以澳大利亞森林為題材重拍，《花木蘭》用中國傳統故事題材製作成卡通片，章子怡主演日本題材的《藝伎回憶錄》……等等，讓本土化戲劇故事融合在動畫片和電影之中，將古老的戲劇賦予全新的生命力和競爭力。

6. 電影動漫產業策劃

　　以動畫和漫畫的藝術表現形式來表達的文化產業稱之為動漫產業，如今的動漫產業已經滲透到很多領域，譬如：藝術領域、傳媒領域、科技領域、娛樂領域等，逐步形成一個具有巨大市場潛力的產業群。

（1）動漫的概念

　　動漫是動畫和漫畫的合稱。

動 漫 的 概 念	
動畫	動畫（animation或anime）或者卡通（cartoon），卡通電影指的是由許多幅靜止的畫面連續播放時的過程。其製作方式有：手工繪畫、電腦製作、模型動作（黏土模型、木偶、布偶等），把單幅的畫面串連在一起以每秒16幅以上的速度播放，使眼睛產生連續動作的感覺。卡通影片通常是由大量的密集性勞動產生。
漫畫	漫畫（comics或manga）有兩種：一種是指諷刺、幽默、詼諧的單格繪畫作品，稱為傳統漫畫。另一種是指運用多格繪畫作品分鏡方式手法來表達一則完整故事的現代漫畫（連環漫畫）。兩者均稱為漫畫。而「動漫」中的漫畫指的是現代漫畫。

（2）動漫產業的內容

動 漫 產 業 的 內 容	
自身產業內容	動漫產業的自身內容從表現形式上主要有： 1. 圖刊動漫產業：漫畫、卡通圖書和畫報刊物等。 2. 電影、電視動漫產業：以動畫方式表現的電影和電視劇。視覺表現上又分：平面動畫和立體動畫。 3. 電腦動畫製作產業：主要形式是三維立體製作動畫和平面flash製作動畫。

延伸產業內容	延伸產品主要指動畫人物形象應用到其他產業上帶來的延伸利益。 1. 表現卡通人物的玩具產業。譬如：唐老鴨、米老鼠的布衣玩具等。 2. 主題公園。以動畫故事為表現內容的主題公園。 3. 商業會展活動。在商業會展活動中以動畫人物的扮演來活躍人氣。 4. 其他。譬如：把動畫人物形象運用到教育之中，以提升孩子們對學習的興趣。

（3）動漫產業在世界發達國家的發展狀況

動漫產業在世界發達國家的發展狀況	
美國	世界上動漫產業最發達的國家，以迪士尼公司表現最突出，公司創始人沃爾特‧迪士尼（Walt Disney）創造出米老鼠、唐老鴨的卡通形象，並獲得全球性的成功。其相關產業是分佈全球的狄斯奈樂園。據相關統計，迪士尼公司2006年的產值就達160億美元。
日本	為了保持經濟的持續發展，日本積極的尋求除汽車、電子等硬體產品之外的「軟經濟」增長點，日本發展新經濟首選的內容產業就包括動漫產業在內；日本的《內容產業促進法》，把內容產業劃入《創造新產業戰略》，把內容產業定位為「積極振興的新型產業」；日本歷年來很看重發展漫畫、動畫等內容產業，把它當做國家一項基本國策看待，透過動漫產業增強經濟實力和國際文化影響力。
韓國	1998年金大中上臺後深感「資源有限，創意無限」，於是他明確提出「文化立國」方針，把動漫產業列為七大施政綱領之一。把包含動漫產業在內的文化產業確立為韓國21世紀國家支柱產業。韓國的網路遊戲是動漫產業的重要組成部分，被列為本世紀重點發展的戰略性支柱產業。

（4）對動漫產業的政府策劃

政府策劃是一種宏觀策劃，主要表現在政府的資金支持和政策支持上。

A、發達國家政府資本支持動漫產業的幾種做法：

發 達 國 家 政 府 資 本 支 持　動 漫 產 業 的 幾 種 做 法	
政府撥款援助	這是一種由政府直接提供資金的支援方式。由政府直接拿出大量資金來支援動漫產業的發展。 例如： 1. 法國電影總局規定：凡是符合規定條件的動畫片，可獲得相當於80～120萬美元的專款獎勵給製作公司。 2. 韓國文化觀光部，僅2005年一年，就在動畫片、漫畫、動畫形象創作產業中投入1250萬美元的政府扶植資金。
設立政府產業基金	設立產業基金，是政府制訂的另一種資金支援形式，資金來源有官方的，也有民間支持的。例如：韓國在文化部門下設文化產業發展基金和遊戲產業發展基金來發展產業。
政府為文化企業貸款提供擔保	政府為動漫企業提供投資擔保，也是一種有效的支援方式。這種支援方式，為創業者進入該行業，以及小公司的發展壯大解決資金不足的問題。譬如：韓國政府就制訂該項支援方式。
銀行為企業提供長期低息貸款	政府除了為動漫企業提供貸款擔保外，也要求銀行為動漫企業提供長期低利貸款。對於初創的文化企業來講，這種幫助是文化企業存活和發展的重要支持力量。譬如：日本、韓國均有該項政策。
政府減免稅收	對動漫企業減免稅收也是一種有效的政府扶持方式。減免稅收能使動漫企業減少成本負擔，使其儘快進入良性產業運轉。

政府協作資金	由政府出面，透過投資組合或投資聯盟向動漫企業注入資金支援，完成企業項目發展。例如：韓國的大型數位影音產業，就是這種投資組合，曾籌資500億韓元來支持動畫製作專業的發展。
透過政府代理單位間接資助動漫企業	政府直接興辦或授權委託的代理單位對資助對象進行評估和認定，以提供資金支持。對動漫公司提交的專案進行可行性分析，對合格者給予項目製作成本和營運經費上的補助。
政府在政治輿論宣傳上的支持	政府除了最實際的資金、稅收支持外，在政治宣傳上也鼓勵和支持文化產業的發展，使更多的人參與和消費文化產品，營造　個國家級的文化產業人氛圍。
搭建國際產業合作項目	在國際產業合作中，由政府出面舉辦企業進行訪問交流，促成國際間的合作專業，以及國際市場拓展等。

B、各國政府在動漫產業上制訂的政策：

國 外 政 府 在 動 漫 產 業 上 制 定 的 政 策	
購買本國動漫版權	以日本政府為例。日本外務省從「政府開發援助」費用中拿出24億日元的「文化無償援助」資金，用來購買本國的動漫片播放版權，然後再把這些動漫片無償提供給發展中國家。這樣，哪些沒有資金購買播放權的發展中國家，也可以播放日本的動漫片。
保護知識產權	動漫產業的版權、形象權等知識產權，是動漫企業最有價值的無形資產，也是企業競爭力的核心。只有採取嚴格的法律保護措施，才能為企業建立完善的利益回報機制，進而在根本上維護動漫產業的可持續發展。
頒佈修訂法律法規	一個新興的行業，在與其他行業的交融與磨合當中，必然會出現諸多的法律問題，因此，研究動漫產業的具體內容和產業性質，制訂相關的法律條文，即保護其利益不受侵害，也規範和約束其自身的商業競爭行為，使其健康發展。

進行產業輔導	透過與各種正規機構合作，舉辦動漫企業動漫項目培訓中心。例如：韓國的首爾動畫中心、文化內容振興院、遊戲產業開發院、富川漫畫情報資料中心等，對動漫企業提供有效的幫助，從創意、製作到發行、銷售，進行系列的產業輔導。
派遣簽約公費學生到海外留學	對於創意性產業來說，人才是企業發展的首要力量，但是，靠企業自身去培養人才是不切實際的，因此，培養動漫人才是政府扶植動漫產業的首要任務。例如：韓國，政府派遣「簽約公費生」到Cal-Art等世界動畫名校留學，學成後按約定回本國動漫企業效力5年方可「自由」。
建立產業資訊服務體系	在全球化的產業背景下，誰能夠大量的、及時的獲得國際產業資訊和發展動向，誰就能在動漫產業中獲得領先優勢，因此，由政府舉辦建立產業資訊服務體系，為企業提供相關服務，可以鞏固本國的動漫產業優勢，不斷推進本國產業參與國際競爭。
加強基礎設施建設	由政府投資建立動漫產業的基礎設施。譬如：韓國政府投資建立漫畫博物館、動畫製片廠、網路基礎設施等，為動漫產業和遊戲產業提供硬體基礎環境。
搭建孵化和交流合作平台	新生行業的成長會面臨很多困難，因此，政府為動漫企業提供成長發育的市場空間，來幫助其提高存活率和市場競爭力。政府透過搭建產業孵化平台的方式扶植新生動漫企業的成長。「孵化」出來的企業也要「經風雨、見世面」，在成長過程中需要政府的交流合作平台來提供幫助。
設立研究培養單位	動漫產業對於很多國家來說是個新興產業，政府和業界對這一產業比較陌生，尤其是在產業營運中的具體操作模式上，起步階段需要學習與摸索。為此，政府成立相對的研究單位，為政府和企業提供從立項到實施的項目提案和決策論證，為產業發展提供統一全面諮詢。

（5）動漫企業的行銷策劃

　　迪士尼的全球化行銷是一個典型的綜合產業行銷方式，也是世界上最成功的動漫產業行銷企業。

迪 士 尼 公 司 的 企 業 行 銷 策 劃	
製造歡笑的動畫公司	迪士尼動畫公司的創始人沃爾特‧迪士尼於1923年創建該公司，公司塑造的卡通人物米老鼠、唐老鴨、布魯托、古菲等動物形象，不僅讓全世界的孩子們充滿歡笑，也讓大人們喜愛無比，迪士尼營造世界上最成功的兒童卡通形象。
狄斯奈樂園	沃爾特於1955年在美國加州建立第一家狄斯奈樂園，沃爾特對樂園的期望超過電影本身，他說「電影交出後就不能再去更改變動了，而樂園可以永無止境地發展下去；可以用新的創意去增建和改變，簡直就是個充滿生命的事物，這一切太有意思了！」
迪士尼的快樂複製法	沃爾特透過狄斯奈樂園把動畫影片中的魔幻和快樂場景，真實的「複製」和展現在現實生活中。
迪士尼連鎖零售店	迪士尼的零售店是世界上唯一不外包的獨家經營零售連鎖企業，為的是緊密配合狄斯奈樂園、迪士尼影視產品的發展，是迪士尼整體產業鏈中的重要一環。
借鑒滲透法	透過借鏡的方式，把迪士尼產品和內容延伸到任何能夠帶來利潤的領域，譬如：與電視公司合作開拓迪士尼兒童頻道，發行迪士尼畫報，建立迪士尼兒童網站等。

第五章　暢銷書的創意策劃

　　隨著出版事業的改革和發展，做為人們精神文化食糧的載體——書籍的策劃，也日益提升到出版和發行商的商業日程。書做為一種特殊商品也需要進行一系列的前期和後期策劃。

　　以下，我們從整個圖書市場行銷的角度，分析暢銷書的成功內幕。

1. 行銷環境與受眾

　　任何一項企業經營活動，都要面對其市場行銷環境和受眾，圖書出版業也不例外。其主要的行銷環境有書業市場環境、政治環境、經濟環境、文化環境、地理環境等幾種。

圖 書 出 版 業 的 行 銷 環 境	
市場環境	圖書的市場行銷環境是指圖書出版企業在生存和發展過程中，獨立於企業之外的影響控制出版企業行為的各種因素和力量的綜合。
政治環境	書業市場的政治環境是指一定時期國內與國際的政治情況，包括國家、地區的發展狀況，政局的穩定狀況，決策方針的制訂執行情況……等等。
法律環境	法律環境是所有影響因素中對書業行銷活動影響最為強烈、最為直接的一種宏觀市場環境因素。 法律法規可能限制圖書的思想內容，法律法規也可能規定限制圖書行銷業務的活動範圍和內容。
地理環境	圖書的地理環境是指在圖書發行過程中，所涉及的地理環境因素。它主要影響圖書的銷售量、銷售週期、種類、銷售方式等等。不過，這種因素對暢銷書策劃的直接影響不大。

經濟環境	書業市場的經濟環境，主要是指書業企業與外界環境的經濟關聯，包括該企業與其他企業或行業間的關係以及國家的經濟發展情況兩個方面。經濟的發展，必將促進整個社會的發展，同時也為圖書市場的競爭帶來無限商機。 書業企業與其他同類企業的關係也影響著企業的生存發展。書業行業與其他行業的關係也是影響因素之一。
文化環境	社會文化指的是人類在進行物質財富累積的過程中，所累積的精神財富的總和，它是一個國家或地區社會文明程度的總體體現。文化環境的影響因素主要有以下幾點： 1. 語言文字：圖書的載體是語言文字。因此，在進行圖書發行時要充分考慮當地的語言文化環境。如中文版圖書，在華語圈能暢銷，在英語圈則會很難銷售。 2. 民族傳統：民族傳統是指在一個地區範圍內形成的長期的相對穩定的一種普遍生活方式或價值取向。譬如：在西方，「13」是一個普遍的數字禁忌，因此設計書名書頁時，則要注意避免使用這個數字。 3. 價值觀：價值觀是生活在同一區域範圍的多數人對事物的普遍的看法和態度。這對暢銷書而言有著極為重要的意義。若能很好地迎合當時的價值觀，符合哪種深層次的社會文化環境，則暢銷書就算是成功一半。 4. 文化思潮：一本書要成為暢銷書，通常都是因為它迎合某種思潮，而成為一種人人爭相傳閱的圖書。
教育環境	圖書傳播的是一種文化，因此它的內容當然也要與當地居民的文化教育水準相關。一本專業性過強的書，面對的是一群文化教育程度低的讀者，很難成為暢銷書。

2. 創意定位與市場分析

　　一本圖書要最終成為暢銷書，其早期的創意定位是一個至關重要的因素，它

在一定程度上直接決定此書的未來，決定此書能否最終成為暢銷書。其創意定位主要有以下步驟。

（1）需求分析

圖書市場需求，是指人們為了在市場上獲得圖書及其相關服務，而願意付出貨幣並且有能力支付貨幣的一種慾望。

圖書市場需求對圖書的發行銷售影響非常大，這一著失誤，以後的每一步不論有多美妙，都會收效甚微。市場需求狀況主要有以下幾種：

市　場　需　求　狀　況	
負需求	指書業企業的圖書產品或相關服務根本不為廣大市場所接受，甚至為人們所厭惡。
零需求	指廣大讀者既未表現出對該企業圖書或相關服務的需求，也未表示出對其的厭惡或排斥，而是處於一種中立態度。
潛在需求	指有很多讀者由於對市場上的圖書不滿意，而暫時持幣觀望的情況。但是，一旦有好的符合其口味的圖書出現，則會很快成為實際購買者。
波動需求	指圖書需求隨季節性、週期性的外界變化而發生變化，如掛曆、中小學教材等圖書就非常明顯。
飽和需求	指圖書市場需求飽和，圖書產品銷售已達最高峰。
病態需求	指對圖書產品的需求不正常，圖書產品的內容具有反常、不合法或不道德性質，致使對這種圖書的需求有悖常理，有悖正常狀態。在圖書市場上黃色淫穢、反動出版物以及宣揚迷信與犯罪的出版物之所以有銷路，其根本原因就在於人們的病態需求或慾望。

（2）圖書雜誌市場調查

在圖書雜誌的策劃中，策劃者要真正瞭解圖書市場需求，洞悉市場變化，還需進行市場調查。圖書市場調研是策劃中資訊的重要來源，能給策劃者有力的支持。市場調查也是獲取資訊的重要形式，為進一步做出決策打下堅實基礎。

圖書市場調查的內容主要有三項，即：讀者、購買動機、購買力。

圖書雜誌市場調查的內容	
讀者	讀者是市場的圖書需求者，是影響圖書市場的重要因素，因而，也就成為調研的主要內容。研究圖書市場、策劃暢銷圖書（雜誌），必須以讀者為中心。
購買動機	這是讀者發生購書行為的內在驅動力。讀者通常的購書動機是：驅策力（某種對圖書的需要）、刺激物（即圖書）、誘因、反應（購書後行為）、強化（加深對圖書的需要）五種因素相互作用的結果。
圖書購買力	是指人們在一定時期能用於圖書購買的貨幣支付力。圖書市場容量的大小，在相當程度上取決於讀者的圖書購買能力。圖書購買力具體可分為團體購買力和個人購買力。 社會團體購買力，主要包括圖書館的購書經費和其他企業單位員工學習用書的經費；居民購買力亦即個人購買力，指讀者個人的貨幣支付能力。

（3）圖書市場區隔

根據對圖書市場的調研，瞭解圖書市場的需求，但就每一個圖書出版、銷售企業來說，不可能滿足全部的需求。只能根據企業自身特點及市場狀況，滿足部分需求。這就需要進行市場區隔。

圖書市場區隔，主要依據影響圖書市場的多種因素如地理分佈、教育程度、收入、購賞動機、愛好、購買心理等，來進行市場區隔。

（4）圖書目標市場選擇

選擇圖書目標市場有賴於市場區隔，但這種區隔要適度，要使客觀需要與主觀能力相結合。透過分析評估，對有價值的子市場按照某種標準如圖書的銷售潛力、讀者群體的需求潛力、目標市場佔有率等進行排列，從排列靠前的子市場順序往下選擇目標市場，直到企業的能力不能再滿足為止。對評估的標準最好用加權平均法綜合考慮。

（5）定位

定位主要包括出版企業定位和圖書定位。定位可以使競爭有針對性，使能力在一定範圍內充分發揮，產生最大效用。

出 版 企 業 定 位 和 圖 書 定 位	
出版企業定位	指圖書出版、銷售企業在目標市場一定的條件下，對自身條件、狀態的進一步評估，並做出針對目標市場的戰略、策略來。
圖書定位	圖書雜誌的發行要有針對性，以一定的讀者為基礎，同時從圖書內容、封面設計等諸多方面進行有針對性的策劃。圖書定位最重要的是瞭解讀者需求，在圖書編寫前，就針對一定商品開始工作，自始至終以讀者為中心，以取得巨大績效。

3. 封面設計的重要性

圖書（雜誌）的封面設計，是出版工作的重要組成部分，也是圖書暢銷的重要原因。一個合適、精美的封面會給談判人、發行人、推銷商、讀者或者其他與該書有關的人留下很好的印象。出版商很看重封面設計，一本書的銷售量如何，很大程度上取決於別人對封面的印象。因為這是個目光經濟的時代。

圖 書 封 面 設 計 各 種 因 素	
選擇設計者	尋找設計師的最佳場所是圖書館或書店。找你喜歡的封面，然後透過作者或出版商尋找設計者，與他們關聯。根據他們的風格確立候選人。一旦選定，只需向他解釋清楚你的構思，你要求的效果就可以了。
創作過程	創作過程中，設計者與出版商、作者的交流與合作是必須的。書的功能是什麼，誰是書的讀者，在什麼地方發行，是否做過前期宣傳，書的內容，內涵是什麼……所有的問題透過交流才能為設計者真正掌握，也為封面的設計打下基礎。
封面的內容	書的封面包括以下內容： 1.書的正面：書名（標題）、副標題（如果有的話）、作者姓名。 2.書脊、書名、作者姓名、出版社名。 3.書的背面：類別、銷售申明、價格和條碼。任何一類書都有一個大的風格，科技書看起來就不同於文學書。而同一類圖書中，封面又都應該獨具特色，不能千篇一律，其中沒有公式可循。
排字樣式	一本書的封面可以沒有形象或圖案，但不能沒有文字。封面設計中排字方式至關重要，有時甚至意味著設計的全部。 多數設計者建議封面儘量簡潔明快，不要過於複雜混亂。題目愈短，圖案愈清晰，讀者就愈多。
色彩	色彩在封面構圖中佔有非常重要的地位，因為設計者要用它去撥動讀者的心弦。封面設計不應是一個保守的領域，它反映的是視覺效果。根據書的要求，可以選用一種還是兩種色彩，但四色發揮的餘地更廣闊。

4. 暢銷書的先期炒作

　　圖書（雜誌）暢銷，一方面要有吸引人的內容；另一方面，也需要做好宣傳，使讀者注意到它，引起讀者的興趣。書本身好，加上能告訴別人，才能取得更大的成功。

進行圖書的宣傳工作，需要使用媒體，如何引起媒體注意，以增強宣傳效果？又如何挖掘圖書的新聞價值？希望下面幾個角度的討論，能引起策劃人員的思考。

暢 銷 書 的 炒 作 要 點	
趨勢	書的故事順應某種社會時尚、經濟或文化趨勢嗎？譬如：飯店可能不會關注新來顧客所選用的餐點，但他們卻對顧客富有創新的想法 —— 要求親自與廚師合作炒菜很感興趣。因此，書中的內容若符合某種潮流，你就算對了。
反潮流	反過來說，圖書內容或活動與潮流背道而馳嗎？有些時候，反其道而行之，逆潮流而動也能取得良好的效果，引起媒體關注。
人們的興趣	只有人們關注、感興趣的事件或故事，才能使媒體關注，才更具新聞價值。
社會參與	當把巨額資金捐獻給慈善基金時，不僅能獲得世人的尊敬，還會引起媒體的注意，各大報紙雜誌、電台、電視台將紛紛報導。
脫俗	宣傳的商業行為非比尋常嗎？或者幽默或者富有諷刺意味嗎？在美國有這樣一個電視節目：一位佛蒙特人用自製的藥膏治好牛的乳房皸裂。這個片段不僅脫俗，製片也因此揚名。
影響力	所做的事情具有影響力嗎？一個研究小組發現新治療癌症的方法，肯定會成為頭條新聞。
名人效應	只要跟名人沾上邊，無論什麼評價，甚至沒有評價都會產生銷售效應。
突出特色	售後的服務是一流的？書的產品特性？專業度？內容？作者？……找出恰當之處，這些都是新聞焦點。
形象動人	能使觀眾、讀者身臨其境的鏡頭或描述，必定更有價值。

在對圖書進行宣傳時，一定要找到合適的角度，挖掘新聞價值，不能牽強附會，生搬硬套。

5. 暢銷書的市場策略

　　暢銷書在被推出前，不能認定它就能暢銷，只能做為新的圖書產品。新書發行，獲得讀者支持，進而登上暢銷榜，都需要一些策略，進行一系列策劃。特別是暢銷書，內容要吸引讀者，各種形式的包裝、宣傳、推廣都是必要的。

（1）新書種類選擇及上市策略

　　新書選定後，上市銷售可以採用多種策略，如高價高促銷策略、高價低促銷策略、低價高促銷策略和低價低促銷策略。較適合暢銷書的行銷策略，應把握以下兩種基本思路：

暢 銷 書 行 銷 策 略 的 兩 種 基 本 思 路	
拉式行銷 （Attractant Marketing）	這是一種先發制人，以「勢」取勝的銷售思路。它要求迅速、及時、有效地進行廣告宣傳，使讀者、銷售書商注意，靠磁性吸引力使他們主動上門進貨或購買。
推式行銷 （Actively Attack Marketing）	這是一種強攻智取，以「面」取勝的行銷思路。它要求圖書印刷完畢後，馬上推向全國各地的行銷網點，進而迅速建立起與讀者的直接接觸。

　　圖書的選題至關重要，影響著它的銷售，而上市時，不能單純的依賴一種方式，最好使拉式與推式相結合，鋪天蓋地、廣為人知。

（2）定價策略

圖書產品價格水準不外乎高、中、低三個檔次，與之相對應，圖書價格水準策略也有三種：即高定價策略、滲透定價策略和滿意定價策略。

圖 書 價 格 的 三 種 水 準 策 略	
高定價策略	是指以較高的定價將圖書產品推向市場，以便迅速收回成本，短期內得到較高回報。這種策略運用得當可以減少風險，提高企業的經濟效益，但書價過高，一定程度上會損害社會效益。
滲透定價策略	它與高定價策略正好相反，是指利用讀者追求廉價的心理以較低的價格將圖書產品推向市場。
滿意定價策略	也稱中位定價策略，通常按照書業系統的平均價格水準來確定自己的價格。滿意定價策略吸取上述兩種策略優點，兼顧書商與讀者的利益。但它常處於被動，不能有效地利用價格方法參與競爭。

（3）分銷通路的建立

適當的圖書分銷通路選擇主要考慮以下三個因素：

圖 書 分 銷 管 道 選 擇 主 要 考 慮 的 三 個 因 素	
圖書產品因素	通常來說，圖書產品的內容深度、學科專業類別、時效性及價格等對分銷通路的選擇會產生不同程度的影響。 圖書商品的內容深度較淺，如幼兒讀物、社科類通俗讀物等大眾市場圖書，讀者對象廣泛，適合零售環節寬的通路。相反，內容專深的科技、學術著作，發行量較小，讀者面窄，應廣泛採用直接通路或短通路；有時，根本不透過任何中盤商，而是由出版社用郵寄書目訂單的方式直接向專業讀者推銷。

市場狀況	主要是指市場範圍、市場容量及市場競爭狀況等。 目標市場面較窄的圖書種類，可考慮利用直接通路、短通路、窄通路甚至是垂直通路進行分銷，市場面較寬的種類，則可採用完全相反的策略。
出版企業自身的因素	出版企業在資金、規模、聲譽、銷售能力等方面的狀況影響分銷通路的選擇。 聲譽好的出版社，具有很大的吸引力，可以按自己的要求建立分銷通路，能夠有效地控制中盤商。

（4）促銷策略

　　圖書的促銷有人員推銷、廣告宣傳、營業推廣和公共關係四種基本方式，這些促銷方式各有各的優勢與不足，在促銷實踐中，要進行認真選擇和綜合運用，使用綜合促銷組合，達到促銷目標。

圖 書 促 銷 的 四 種 基 本 方 式	
人員推銷	人員推銷做為企業促銷的一種基本方式，受到商家的極大重視。人員推銷可使顧客與推銷人員直接交流，資訊雙向流通。推銷員可直接瞭解讀者慾望和需求，資訊能直接回饋。但人員推銷的相對成本大，不能廣泛展開。
廣告宣傳	圖書的廣告宣傳被稱為「無形推銷員」，影響巨大，透過圖書廣告可以傳播資訊，激發需求，且可配合其他促銷方式，促進圖書銷售。廣告宣傳的媒體主要有網站、報紙、雜誌、廣播、電視、郵寄品、宣傳海報等，各種媒體組合運用，形成立體宣傳。
公共關係	圖書行銷的公共關係，是指出版社和分銷商在進行圖書銷售的一系列活動中，將自身與公眾的關係進行正確的處理，在公眾中樹立良好的自身形象，進而促進圖書銷售。
營業推廣	又稱銷售推廣，是指能促進讀者購買，促進短期銷售的各項促銷措施。也就是除了人員推銷、廣告宣傳、公共關係策略以外的促銷策略和方法。

結語

　　圖書暢銷與否是各種因素共同作用的結果。圖書暢銷，要綜合運用各種手法，從選題編輯、文字內容到出版上市、到促銷，環環相扣，密切配合，才能產生整合作用。

第六章　商業展覽活動中的公關策劃

　　策劃在成功的事業中，有著舉足輕重的地位，人們要達到預期的目的，無論大事、小事都得事先有個安排，一步一步地接近目標。

1. 商業展覽活動的三種形式

　　由於不同的展覽在內容、目標、要求、費用上有所不同，所以形式也有所不同。主要有以下幾種：

展 覽 的 三 種 形 式	
上門推銷的形式	這是比較原始和古老的展覽形式。透過銷售員上門介紹，直接向客戶推銷自己公司或企業的產品或服務。這種方法的優點是能夠立即瞭解到客戶的反應，並得到第一手回饋資訊，而且它還能現場解決或解答客戶的疑難問題。
商業公司或企業舉辦的展銷活動	這種形式的基本目的就是激發興趣，招徠顧客。這類做法沒有統一的格式，通常根據商品的類別及特性來做相對的安排。有的企業直接在自己的櫃檯上展開銷售活動，有的在企業的某一部門或某一場所搭建展示台展開活動。
商業會展	對這種形式來說，有兩種不同的內容： 一種是所謂貿易展覽，如商品交易會、博覽會等。 另外一種是公共展覽。它是直接面向公眾的，而且它努力爭取使盡可能多的顧客到活動場所來。

2. 參展活動的選擇與參展目標的確定

　　參展活動的選擇和參展目標的確定是一項展覽活動的開始，俗話說：「好的開始是成功的一半。」具體地分析和論述：

（1）參展活動的選擇

要使企業透過參展真正地得到實實在在的收穫。在對展覽會的情況進行瞭解和分析時，應注意以下幾個方面：

對 展 覽 會 情 況 的 剖 析	
展覽會的所在地	展覽會的所在地在哪兒？是都會城市，還是鄉鎮城市？是經濟發達地區，還是偏遠地區？這些地區的經濟發展水準高低，是否是公司或企業準備開拓的市場？本公司或企業的產品在該地區是否有銷路，該地區是否有本公司的潛在或現有的強大競爭對手。同時，經濟發展水準也是影響參展的重要因素。
展覽會的舉辦者是什麼級別	通常來說，展覽會的舉辦者有幾種情況：由當地政府或中央政府舉辦的；由行業協會帶頭舉辦的；由幾家企業聯合舉辦的。對不同的舉辦級別，我們要不同對待。
在對展覽會進行瞭解和分析時，最重要的是對參觀者的分析	參展的公司或企業無論出於何種目的，都必須透過向參觀者表達來達到。在這裡我們要著重瞭解：展覽會可能吸引的參觀者有多少，吸引的參觀者有哪些類型，在他們之中會有多少有可能對公司的產品產生興趣，有多少會成為公司的潛在顧客。同時，參展的公司或企業還應對參觀者的可能人數，以及他們的成熟程度進行瞭解和估計。
展覽的時間	展覽的時間包括兩部分內容： 1. 展覽在哪個時間？是在哪個月份，哪個季節，甚至哪一年？對於自己的商品來說，是淡季還是旺季？這個展覽時間，到現在還有多久時間，企業或公司是否有充分的準備時間？ 2. 參展時間有多久，具體有多少天？因為時間太短，企業來往車費，佈置展示台、展示廳可能不划算，同時企業所想要的效果包括經濟效果，可能由於時間太短而體現不出來。而時間太長，企業的費用支出可能會更大，到時有可能會得不償失。

（2）參展目標的確定

公司或企業瞭解某個展覽會的基本情況，決定參加該展覽會後，下一步就是對參展目標的明瞭，也就是公司或企業期望參觀者對自己的產品做出何種反應。

如 何 確 定 參 展 目 標	
必須使參展目標儘量具體，堅決杜絕目標的空泛和籠統	就目標的性質而言，它應該表明參展的確切結果或收益是什麼，就這個目標的數量指標而言，它應該反映參展的結果或收益的數量有多大。
制訂參展目標必須要實事求是，符合企業自身實際情況	企業目標做得過大，最終效果測量出實際和預計差距過大，就會影響企業的下次參展決策，甚至影響企業的自信心；企業參展目標制訂得過小，對於企業或公司來說又沒有什麼實際意義，甚至企業或公司為了實現這麼小的目標，根本沒有必要來參加一個具有一定影響力的展覽。
企業參展的目標要符合企業的整體行銷戰略目的	企業或公司參加展覽是企業或公司整個行銷戰略的一小部分，做為整個行銷戰略的一部分，參展的局部目標，要服從企業行銷戰略的整體目標。不能因為局部而破壞整體的行銷戰略。

公司或企業只有制訂詳細的目標，參展人員才能據此做出適當的安排，沒有明確的目標，勢必為參展人員的舉辦安排帶來一定的麻煩，最終影響公司或企業的效益。

3. 展覽活動的預算和費用控制

展覽費用通常是一筆不小的開支，這裡就其內容和安排進行探討，為企業或公司的參展策劃提供參考。

（1）展覽會預算費用的基本內容

為一個展覽會編製費用預算，是一項非常具體而又繁瑣的工作，所有牽涉到展覽的費用開支的情況都必須要考慮到，以下是展覽會預算費用的基本內容。

展 覽 會 預 算 費 用 的 基 本 內 容
1. 租用場地支出。
2. 展示台（場地）構造支出：修造和整理、設計及再設計、保險……等等。
3. 展示台（場地）的進入和佈置支出：展覽商品的運輸和安裝、地毯和窗簾、家具和覆蓋物、電器、電子設備、管件、花卉及其他植物、通風或製冷設備、水、電、氣、電話、攝影機具……等等。
4. 日常支出：職員用房、招待家具、食品和飲料、接待賓客……等等。
5. 宣傳、廣告支出：宣傳單、宣傳資料、展示廳外的氣球、橫幅、隱性的廣告費用……等等。
6. 公司展覽用品支出：展覽用品（有可能在後期，低價出售）、供試用或展示的產品、目錄、小冊子、職員服飾、展示品的裝配和拆卸……等等。
7. 其他支出：其他有關物資的轉運，展覽的修正、調整……等等。

（2）影響參展預算的因素

參展費用的編列預算工作是圍繞著參展的具體目標進行的。在編列預算的過程中不能不考慮整個參展的目標，以下幾點值得考慮。

影 響 參 展 預 算 的 幾 點 因 素
1. 如果公司有一個全新的產品要展示。那麼此時的展示台就需要租用大一點的參展空間，以便吸引較多的參觀者（費用可能增加）。
2. 如果公司去年開發的新產品在今年還沒有什麼新的建樹，那麼此時，就不需要大的展覽空間（費用可以降低）。
3. 公司或企業是否有一些在上年度促銷計畫中刪除掉的、常年參加的參展機會，需要在今年的促銷計畫中考慮進去？在可供公司選擇的展覽會名錄中是否有一些在今年沒有舉行？是否有一些新的展覽會可供公司考慮參加？
4. 公司或企業是否已經調整自己的促銷策略進而影響到對參展機會的選擇？公司是否正在進入新的市場或正在退出某些市場？

對於上面幾個問題的回答，會對企業或公司合理的安排參展費用有很大幫助。

　　參展費用的高低具體上還受以下幾個要素影響。

影 響 參 展 費 用 的 幾 個 要 素	
參展商品因素	如果參展的是個新產品，此時它屬於一個新的事物，急需擴大它的知名度，那麼它的展示廳、展示台需要的空間應該大些，宣傳圖畫應該精美，特別是儘量用彩色畫，戶外廣告應該做得多一點。對於新產品，必須透過大量的廣告宣傳，才能提高產品的知名度。
銷售量或訂購合約的因素	展示台或展示廳，不僅要有大量的宣傳品而且要有一定的空間，或專門的臨時協商辦公室，要有一定量的桌椅，放置一定量的食品、飲料，以及電話。
競爭對手因素	通常的展覽會或交易會，都是同行業的，許多同行會參加，此時展示台展示廳佈置的樣式是否新穎，就顯示出雙方綜合實力的大小。為了維持本產品在市場中的地位，防止對手把自己擠出市場，有時甚至排擠對方，就必須留出一部分額外的參展費用，以便根據競爭對手進行相對的改變和調整，這也叫跟進戰略。
參觀者的因素	參觀者，或者說潛在的消費者是市場的主體，他們的行為不僅影響市場的走向，而且也影響參展預算的編製。同時，參觀者的多少、層次的高低也會影響參展費用的預算。
市場因素	市場的大小也是影響參展費用的一個重要因素。市場的大小在這裡有兩個含義：一、參展當地的市場容量有多大；二、該商品或產品在本行業即在產品生命週期上屬於哪個階段。對於產品生命週期的不同階段，廣告宣傳策略有所不同，當然費用的高低也應該有所不同。

聲譽和形象因素	為了提高產品和企業的聲譽,為了塑造產品和企業的形象,有時甚至是為了維護企業的形象,企業在佈展時,在選擇空間位置上都需要最好的或最佳的。此時參展的費用會高一些。相反,當企業和產品的聲譽較高和產品的形象已在消費者、參觀者,以及廣大客戶的心目中有一定的位置時,參展費用可以適當地降低。
媒體因素	不同的傳播媒體有著不同的廣告宣傳效果這已為大家所熟知,但是不同的傳播媒體也有不同的價格,電視與廣播、報紙與雜誌、宣傳桌與橫幅、路牌廣告的效果與價格也必然不同,因此此時媒體的選擇也會影響到參展費用的高低。

另外,影響參展費用的還有一些其他因素,如社會因素、企業經濟實力因素等,在這裡就不一一論述了。

4. 佈展設計與參展人員的選擇

佈展設計與參展人員的選擇是展覽活動硬體設施和軟體設施建設的內容,二者是展覽活動進行的必要環節。佈展設計為展覽活動建構場地,參展人員選擇為展覽活動提供智慧保障。

(1) 參展示場所的設計

在公司或企業選擇參加某個展覽會,設計參展所要達到的目的,編製合理的參展預算後,下一步的問題,就是如何把公司或企業的一系列設想付諸實施,如何使公司投入的費用發揮最大的作用。

A、展示台設計應注意的問題

對於展示台的設計需要有很專業化的水準，應注意以下幾個問題：

展 覽 設 計 應 注 意 的 問 題	
展示台的設計要吸引參觀者	在展覽會上，參觀者具有相當大的隨機色彩，這就像人們沒事逛街，走走看看。在這種情況下，就要求公司多花心思，努力去吸引和引導參觀者，使每一個參觀者都有可能注意到自己的展示台，使每一個到訪的參觀者都不會輕易從自己的展示台前溜走。
展示台的設計要適合與顧客交流	與其他促銷手法不同的是，展示台使公司和顧客處在直接的交流環境中。顧客不僅能瞭解產品的外部形象，也可以看到產品的內在品質。為了充分利用展示台的優勢，公司的展示台設計必須為公司與參觀者的直接交流提供方便、創造氣氛。
要避免把展示台或場地設計成不規則或任意形狀	這樣做容易將公司的展覽與別的展覽混在一起，不利於展示自己。通常來說，圓形、正方形、矩形和八角形的展示台最為適用。
在展示台設計中可以藉助動感式色彩去提高展示品的吸引力	一般來說，在展示台背景襯托下，具有動感的物體很容易引起參觀者注意。此外，適當使用色彩效果也有利於使展示品顯得更完美。譬如：常用辦法是將展示品襯托於某種色彩背景之前，這對突出展示品能產生最好的效果。
展示台或展示場中所有的展示品都應有很好的照明設備	這裡的意思是說，燈光配置要講求合適，特別是要避免把光線直接投向參觀者。

B、展示台設計要以展示品為中心

在這裡我們並不是討論對某一具體展示台的設計，而是結合成功的參展公司的經驗，對展示台的設計要點提幾個小建議。

展 示 台 設 計 要 點	
要把展示品放在最突出的位置上	參觀者，特別是潛在的顧客，到展覽會來，最感興趣的還是展示品本身，所以真正把他們吸引住的是展示品本身，而不是展示台模特兒之類的東西。
要使展示品易於被參觀者瞭解	儘量不使參觀者對展示品產生「這是什麼東西？它是做什麼的？」之類的問題。
要保持展示台佈置的簡樸和莊重	過分耀眼、閃爍的燈光，過分喧囂的音響很容易轉移參觀者對展示品的注意力。由於參展的最終目標是要銷售產品，任何參展安排都應遵循這一目標，任何喧賓奪主的做法都應避免。
要盡可能使用實物展示品	參觀者在展示台前更希望看到儘量多的實物展示品，而不僅僅是展示品的模型或圖片。
要實際示範產品	公司應該以細緻、耐心的示範活動，說明展示品的品質和功能。這是吸引參觀者注意力，提高他們興趣的最有效的武器。
要全面展示產品	如果展示品有多方面功能，展示台設計時，就要使它們能全部展示出來。

以上幾點是從展示品這一中心來說的，展示台或展示廳的設計都必須圍繞展示品來展開。

（2）參展人員的選擇

　　參展人員的選配也是舉辦公司參展的一項重要內容，參展人員的選配也不是簡單的選幾個人那麼簡單，它也需要考慮許多因素。

參 展 人 員 的 條 件 和 調 配	
參展人員的專業性或技術性	通常來說，公司展示品的專業性或技術性愈強，展示台或展場中參展人員具備的專門技能和專門知識就應該愈高。對於複雜的展示品，顧客或客戶在做出購買決定之前往往會投入較多的時間和精力去瞭解展示品，顯然，面對參觀者的種種問題只有專門的人員才能給予他們滿意的答覆。
參展人員要有必要的智慧和經驗去臨時處理某些特殊事件的能力	參展的主要人員，他們的工作是對展覽內容進行示範、諮詢和交流，這就要求他們的言行要謙和，態度要有耐心，具有足夠的內在魅力去激發參觀者的興趣。此時的參展人員更有足夠的交際經驗和能力。由於參觀者很容易把參展人員的言行舉止看作是公司的素質、實力和信譽的外在表現，參展人員切忌因為自己示範上的生疏、外行話的作答、冷淡的表情而破壞公司形象，影響到公司的參展效果。
參展人員的配備	通常每10平方公尺展示台面積至少配備兩名人員。如果在這樣的展示台上，每天展出時間是8小時，就至少應配備四名工作人員。展覽進行中，公司經理人員有必要親臨現場，這樣才有機會直接接觸市場、掌握市場的第一手資訊；最好一直保持有一名公司經理人員在場，以便在第一時間圓滿地處理各種突發問題。
參展人員需要明顯的區別標誌	通常來說，可以使用特製的服裝、徽章、帽子。其目的是向參觀者展示公司的形象，傳達有關展覽內容的資訊。
參展人員對參觀者回饋資訊的收集	參展人員在展覽中應收集、反映參觀者的情況資訊。如他們的姓名、職務、公司地址，以及對產品的興趣和要求。這些資訊對以後的定向跟蹤服務很有幫助。

5. 展覽活動細節的審查與展覽效果的評估

　　展覽活動細節的審查與展覽效果的評估對於一次成功的展覽活動是尤其重要的。展覽活動細節的審查對於展覽活動的展開具有監督和指導作用；而展覽效果的評估則是對展覽活動的總結性的驗收，最終對展覽活動的結果給予準確性的評價。

（1）展覽活動細節的審查

　　為保障公司參展活動順利進行，公司有必要預先就參展過程的每個細節進行審查，以便及時消除各種疏漏和隱患。譬如：

參 展 過 程 細 節 的 審 查
1. 公司是否有足夠的時間準備參展活動？
2. 各項參展經費是否已經準備妥當？
3. 公司參展目標是否明確，具體到這個目標是否有書面形式？
4. 公司參展活動主題是否已經確定？
5. 全部參展人員職責任務是否已經明確了？
6. 公司是否已經制訂詳備的參展活動的工作日程表？
7. 展覽場地和空間是否已經落實？
8. 各種宣傳廣告品是否已經確定，它們的準備工作是否已經落實？

　　當然，在細節審查中，還有很多的問題會被提出，這就要視具體情況而定。

（2）展覽效果的評估

　　測定展覽效果是展覽活動的最後環節，也是參展公司最關心的問題。對展覽

效果的測定不僅有助於密切參展公司和展覽舉辦的關係，而且有助於修改既定的展覽計畫中的各方面工作，為以後的展覽工作提供良好的經驗。那麼，如何評估展覽效果呢？

展 覽 效 果 的 評 估	
展覽本身效果的評估	參展人員可以記錄每天參觀自己展示台的人數，有多少人留意自己的展示台，有多少人注意自己的展示品，有多少人有興趣購買自己的展示品，對這些數字可以大約估計，也可以從發放的宣傳品中推算。對於宣傳效果由於技術和人力、財力有限，可省略不計。
銷售效果的評估	這裡是專指哪種商品交易會的展覽會，此時衡量展覽效果的　個重要指標，就是簽多少份供貨合約，完成多少銷售額，此時的指標具有量化作用，是可以看得見、摸得著的。

結語

　　商業展覽是當今商業活動的一項重要形式，是經濟活動分工細化和專業化的產物。藉助商業展覽活動，舉辦者能達到宣傳自己、展開行銷、拓展市場的目的。

第七章　企業形象與品牌的文化策劃

從生產管理、制度管理再到文化管理，企業文化的塑造和傳播已經愈來愈重要。而如何發揮企業文化的影響力和感召力，企業策劃或許能給我們提供新的視角。

1. 企業文化策劃的基本概念

企業文化對於一家企業的重要性不言而喻，從企業市場運作來看，企業文化就是一種企業的整體競爭意識，在各種經濟與社會活動中，企業最有效的競爭方式就是要以文化取勝。為了達到以文化取勝的目的而採取一系列調查研究、設計謀劃以及實際施行的活動就是企業文化策劃。

企業文化策劃的層次含義

企業文化策劃又稱公司文化策劃，企業文化策劃對企業發展有重大影響，它包括以下幾個層次：

企 業 文 化 策 劃 的 層 次 含 義	
根據風俗、習慣、輿論進行策劃	不同的國家有不同的風俗、習慣和宗教信仰，在世界各地進行行銷時，若不尊重當地人的各種風俗習慣，就別指望能成功。
思維方式策劃	企業在進行文化策劃時應努力追求後一種思維方式和經營觀念，不僅要滿足需求，還要創造需求。要從一種創造市場需求的角度去思考問題。

行為標準策劃	不同國家企業文化標準也不一樣。如「管理人員通常不開除員工，員工通常也不離開公司」的行為準則屬於日本企業文化；而「管理人員可隨時開除員工，員工也可隨時離開公司」是美國企業的行為準則。
價值觀策劃	不應把賺取利潤做為企業最有價值的事，企業應該有明確的社會效益，並相對的承擔社會責任。做為企業文化核心，價值觀對企業的發展方向起著決定性的作用。
精神境界策劃	企業不僅要向社會提供產品及服務，還要樹立一種信念：企業精神。如日本新力公司的企業精神為「開拓，獨創！」
企業作風策劃	不同企業，作風不同。有的企業領導工作時注重情感激勵，感動員工，而有的企業則是物質獎懲。
待人藝術策劃	日本企業中推崇深思熟慮的人物，上級給下級傳達命令時，總是給予其充分考慮的時間，採用說服的手法，而非依靠權力。

2. 企業形象策劃

　　企業形象策劃（CI）也可稱作企業識別，即一般說的CIS（Corporate Identity System），是指將企業經營的理念和具體行為，做系統、規範、獨特化的視覺形象設計並灌輸給大眾和企業內部人員，使其對企業形成共同的認同感和價值體驗，進而使企業的生存競爭能力和經營能力得以提高的現代企業的科學管理方法。企業形象策劃，就是導入CIS。

（1）理論概述

　　CI，是英文Corporaten Indentity的縮寫，中文意思為企業形象識別，也有人譯為企業識別。

　　企業識別系統CIS是企業策劃的重要組成，人們又在CIS基礎上引入CC（資訊傳播）和CM（行銷管理），由此得出五個綜合構成系統：

形 象 策 劃 的 五 個 綜 合 構 成 系 統	
BI（Behavier Identity） 行動識別	BI：包括企業經營者和員工的行為、管理舉辦、教育活動、公共關係、廣告促銷、銷售通路等的控制。BI使企業的各種活動圍繞企業理念，塑造統一的形象。
MI（Mind Identity） 理念識別	MI：包括企業經營準則、經營哲學、企業文化等。它的確立，能使企業明確自身存在的價值，創造出獨特的有魅力的經營理念。
VI（Visual Identity） 視覺識別	VI：是指企業一系列可以識別的傳播符號，如企業名稱、商標、廣告招牌等。它要讓公眾知道企業叫什麼，而且知道企業是做什麼的。
CC（Corporate Communication） 資訊傳播	CC：是指企業在經營過程中，將商品、服務等價值體轉為資訊，及時傳達給消費者和有關的企業。它是企業與企業內外界相關者溝通的重要橋樑。
CM（Corporate Markting & management） 行銷管理	CM：是指企業的行銷活動管理，主要有4P，即產品（Production）、銷售通路（Place）、銷售價格（Protection）、人員推銷（Promption）四個方面，對　銷售過程全面進行控制，這是企業生產全過程的集中反映，企業經營成敗，在此一舉。

（2）技術操作的階段與具體實施步驟

　　企業形象策劃的技術操作必須有一套完整的實施方案，以保障技術操作的功能、效益最大化。技術操作實施過程可分為以下幾個不同階段：

企業形象策劃的技術操作的不同階段	
調查需求評估	在這個階段裡，企業主要是訪問經營者，調查主要消費群體的情況，分析傳播媒體，研究同行競爭者情況，以及對現行日常處理事務的流程調查等。繼而從中找出問題，分析原因，制訂對策，進而為今後收人分析和企劃提供參考。
企劃階段	在這個階段裡，著重進行產品定位、企業形象定位，根據對市場的分析，找出市場區隔，選擇切入點，繼而分析機會點，策略選擇，進行風險性評估，對導入時機進行分析等，進而形成企業的整體框架。
創造發展階段	在這個階段裡，主要是創造並設計企業具體形象，將前期工作的成果彙集起來，形成具體的思路，然後著手詳細的先期設計與測度調查系統，確立起初步系統後，再不斷發展完善，終成完整的企業識別系統。
完成階段	在這個階段裡，主要是把上述規劃步驟中形成的決議標準化、格式化，並製成統一的文檔或宣傳資料，進而最終確定出企業統一形象的工具。

New York manhattan

3. 企業品牌的CS策劃

回顧歷史，我們經歷生產觀念、產品觀念、銷售觀念、行銷觀念的階段，現在又進入社會行銷觀念階段，它的中心思想是以人的需求為中心，於是出現「顧客就是上帝」、「顧客永遠都是對的」、「微笑服務」等一系列企業經營哲學。

國際商用機器公司（IBM公司）有句口號：「IBM就是服務。」這是公司的經營理念，也是經營哲學，得到廣大IBM用戶的好評，也吸引眾多的潛在消費者，增加IBM的知名度及美譽度。

（1）CS的戰略意義

當今的市場經濟已完全變為「買方市場」時代，企業不能去選擇顧客，而是由挑剔的「上帝」來選擇企業，企業為了生存、發展，只能全力以赴地投入競爭中，千方百計吸引顧客的注意，滿足顧客需求，甚至發掘、培養顧客需求。因此，CS策劃至關重要。

CS 的 戰 略 意 義	
提高企業競爭力	CS既是行動的方法，又是指南，企業為了在經濟一體化的局勢中獨領風騷，必須進行CS設計，增強競爭力。
提高市場佔有率	成功的CS策劃，必定會為企業帶來大批的消費者，並使他們成為穩定的企業擁護者。
有利於企業長期目標實現	與顧客關係穩定，在相當長時期內都能使企業保持著這種優勢。建立起忠誠的消費客群。

（2）顧客導向服務

現代社會已進入行銷觀念階段，要求企業應該發現消費者的需求，並設法去滿足，一切以消費者的意見為指南，這樣必然會贏得一批忠實的顧客。

4. 企業管理文化策劃

企業管理機制內容廣泛，包括戰略、結構、體制、作風、價值觀、理念、人員……等等。這裡略談一下與文化關係甚密的人員管理，即用人之道。

（1）企業的用人之道

企業的用人之道不應是一個「響亮的口號，空洞的內容」，企業管理必須時刻都要把「以人為本」的觀念貫穿於具體的日常工作當中，這樣的用人之道才具有實際意義。在此羅列一些具體的觀念，僅供參考。

企 業 的 用 人 之 道

1. 「欲先取之，必先予之」，想要別人尊重你，你必須先尊重別人。
2. 尊重知識和人才。
3. 責任和權利並重。
4. 對每一位員工都給予真誠地激勵。
5. 認真採納意見，集思廣益。
6. 批評要有藝術性。
7. 起帶頭表率作用。
8. 把高度的熱情注入工作當中。
9. 講究效率。
10. 應當由多人進行決策。
11. 隨時將自己融入集體。
12. 做好隨時為員工服務的準備。
13. 對本公司的企業理念、道德準則要堅持不懈。
14. 激勵員工的「士氣」。
15. 激勵員工不斷地進行自我提升。
16. 激勵員工發揮無窮的創造力。
17. 對不同類型的員工分配與其適合的工作。
18. 發揮企業行銷部門職能作用。
19. 領導者不能權大壓人。
20. 領導者要妥善地處理好人際關係。
21. 領導者要為企業創造優越的工作氛圍。
22. 對員工進行專門培訓。
23. 領導者應使自己的行為始終如一。

　　需要說明的是，以上所列僅僅是用人之道的部分內容，企業的用人之道在不同的時期、不同的環境中會表現出不同的觀念內容。靈活運用，因時變通才是關鍵。

（2）企業的規章制度策劃

　　一家企業建立之初，都要根據自己企業特點，產品定位及目標市場制訂一套規則、準則，做為本企業員工行為活動的約束。國有國法，家有家規，沒有規矩，怎能成方圓？

　　規章制度使企業的每一分子都有章可循，使企業的舉辦體系更加嚴密。一個毫無章法、沒有任何制度約束力、員工隨心所欲的企業就像是一盤散沙，根本上失去凝聚力，這樣的企業註定要失敗。

（3）員工激勵制度

　　人是企業之根本，對人的激勵也是　種藝術、一種文化，激勵方法得當，能產生事半功倍的效果。

　　人的需要有多種多樣，在某一情況下會有一種最迫切的需要，因此，對於不同的人要運用不同的激勵方法。對員工實行物質激勵方法有很多，如工資、津貼、獎金、發東西等。由於邊際效益遞減規律，人們的生活富裕，它的作用微乎其微，甚至根本起不了作用。這時就需要精神激勵，或二者相結合，讓人有自我實現感及自我成就感，進而激發其工作熱情，以高昂的鬥志投入企業工作中，一定會取得意想不到的成果。

5. 企業環境文化策劃

企業環境對企業物質文化的建構起著重要的作用，是企業文化的外在表現形式，是有形的且能被人們切實地感受到。它包括工作環境和生活環境兩個組成部分。

企 業 環 境 的 組 成 部 分	
工作環境	良好的工作環境使企業的員工對企業充滿熱情，並熱情地投入工作中，它能滿足員工的物質需求，使員工真心願意為企業服務，對於企業形象、經營理念也有很大影響。
生活環境	生活環境優雅，人們能得到良好的休息，保證第二天精力充沛地投入工作中，它也是企業文化建構中不可缺少的環節。

6. 企業行銷文化策劃

關於企業行銷文化的定義，我們可以理解為：企業所進行的一切研究引導商品和服務走向消費者和使用者的活動。

（1）企業行銷文化的內容

企業行銷文化貫穿於企業文化活動過程的始終，是一項複雜的市場系統工程。企業行銷文化包括：

企 業 行 銷 文 化 所 包 含 的 內 容
1. 行銷資訊與行銷調研。
2. 行銷環境。
3. 市場區隔和目標市場。
4. 行銷預測。
5. 市場行銷戰略與策略。
6. 市場行銷管理過程。
7. 服務行銷與國際行銷。

　　企業在進行市場行銷活動時，必須站在文化的高度進行，才能立於不敗之地。

（2）企業行銷文化的策劃特點

　　企業行銷文化策劃有兩個顯著的特點，就是獨特性和繼承性。

產 品 企 業 行 銷 文 化 的 策 劃 特 點	
獨特性	企業行銷活動就是為了塑造一個與眾不同的產品及企業形象，企業理念的差別也必然導致文化策劃的差異性，要樹立一個與競爭對手不一樣的形象，吸引顧客，站穩市場，使企業顯示出長久的生命力。
繼承性	任何一種行銷活動，不能脫離開社會、國家、民族這個大環境進行，為了取得社會認同，企業行銷文化必須根植於民族的傳統文化及現代文明。企業在進行文化策劃時，一定要注意結合本民族的優秀文化，這樣就能保持持久的競爭力。

　　企業的任何行銷活動都包含一定的文化因素，同時也是在一定的文化背景中進行的。企業行銷文化策劃主要體現在廣告策劃和公關策劃兩方面。

（3）廣告策劃

「酒香不怕巷子深」的產品時代早已過去，想要在買方市場上獲得成功，必須主動出擊，進行宣傳。宣傳手法林林總總，廣告便是其中之一。

廣告策劃有著不可低估的作用。它能創造新的市場需求，增強企業的競爭能力，提高企業的經營管理水準，提高企業的知名度及美譽度。

廣告策劃通常來說，有下面幾種類型：

廣 告 策 劃 的 類 型	
促銷廣告策劃	企業透過制訂一系列具有吸引力的活動，激發消費者的購買慾望，進而產生購買行為，可以透過電視、廣播、報紙、戶外活動、雜誌、視聽、郵寄廣告方式以及產品包裝、產品說明書、售貨現場陳列、產品目錄等手法來進行。
形象廣告策劃	企業發佈廣告目的不是針對產品，而是針對本企業的形象，向社會宣傳自己企業的精神，在消費者心目中樹立起良好的形象。
觀念廣告策劃	向消費者推銷一種觀念，「牽著消費者的鼻子走」。 「七喜」飲料在美國上市時，當時可口可樂已在市場上獨佔鰲頭，人們已經習慣的飲料就是可樂，根本不接受其他產品。「七喜」的領導者別出心裁，透過廣告向人們推銷一種「非可樂」的觀念，結果贏得市場。

第八章　新聞媒體的文化策劃

在如今「目光經濟」的資訊時代，「注意力」已經成最寶貴的資源之一。為什麼有的新聞能在一夜之間傳遞到地球上的每個角落，一方面可能是因為其本身就具有很大的新聞傳播價值，另一方面與當事人的精於策劃也是分不開的。而這一切都是有方法和技巧的。

1. 新聞策劃概述

任何策劃都必須遵循一定的原則，新聞策劃也不例外，新聞策劃與通常策劃原則有相似之處，也有自己的獨到之處。具體而言，它有以下幾個原則：

新聞策劃的原則	
真實性	新聞策劃要從實際出發，實事求是，這是世界觀的根本觀點。反之，則會犯下唯心主義錯誤，勢必會脫離實際。「以誠待人」唯實報導，這樣才能取得良好的效果。
系統性	新聞策劃具有前後相繼的連續的系統性，且和各行各業有著密切的關係。因此，新聞策劃必須要著眼於宏觀，著眼於全局，利用優勢資源，達到最佳的策劃效果。
獨特性	新聞策劃要善於抓住新的問題，創造出與眾不同的問題，從新的角度看問題，進而引導人們的輿論，以利於自己的發展。
及時性	新聞策劃是一場無聲的戰役，必須及時，如貽誤戰機，後果不堪設想。抓住機會，及時策劃，一定會取得卓越成績。

2. 新聞媒體的選擇

　　當今是一個資訊高度發達的時代，新聞媒體的重要性也顯得日益突出。所謂的新聞媒體，指的是在資訊傳播過程中，所藉助的物質實體，主要是指大眾媒體，包括報紙、廣播電視等電子媒體和一些印刷媒體。

（1）新聞媒體的分類

　　為了更好的瞭解新聞媒體，以便選擇，有必要瞭解新聞媒體的分類：

媒 體 的 分 類 形 式	
從新聞媒體的表現形式	可分為印刷媒體和電子媒體，前者如報紙、雜誌、說明書等，後者即廣播、電視、網路。
依據新聞作用於受眾的感覺器官	可分為視覺媒體和聽覺媒體及視聽兩用媒體。大多數印刷媒體屬於視覺媒體。
依據新聞傳播範圍	可分為全球性、全國性和地方性媒體。
依據新聞媒體傳達資訊時間的長短	可分為暫態性媒體、短期性媒體及長期性媒體。

　　傳播新聞時要根據自己的特點，從自身實際出發，具體問題具體分析，這樣才能選出最適合自己的媒體。下面分別介紹一下新聞所常用的幾種大眾傳播媒體：報紙、網路、手機、廣播和電視。

（2）報紙（Newspaper）/電子報（Electronic Newspaper）

　　報紙做為一種靜態可視的資訊載體，是現代人們生活當中不可或缺的一部分。報紙種類繁雜，從類型來說，有全國性的、地方性的、綜合性的、專業性

的，另外還有日報、週報、月報，數不勝數。自從進入網路時代，電子報開始出現在網路媒體之中，它以更靈活的排版方式、色彩豐富和動態畫面的多媒體形式吸引讀者，使讀者又有一種更加便捷的閱讀方式。

A、報紙

報紙從創始之初發展到現在，顯示出無可比擬的優越和強大的生命力。但報紙優點雖多，也不可避免地存在一些不盡如人意之處。下面我們就來分析一下報紙的優缺點：

報 紙 的 優 缺 點	
報紙的優點	1. 發行量大，傳播面廣。報紙成本低，且可以隨時翻閱，因此在出版上具有規模效應，所以傳播範圍廣。 2. 報紙版面大、篇幅多，有眾多空間供新聞製造者利用，有利於傳達有深度的新聞。 3. 編排靈活，改稿換稿方便，截稿日期晚。 4. 時效性很強。像日報，有些是當天發生的新聞，當天的報紙就能刊登出來。 5. 選擇性強。報紙的資訊五花八門，各個行業，各個方面，各個階層的都包含在內。讀者是主動的，可以選擇自己喜愛的或自己需要的進行瞭解，其餘的可以瀏覽或省略過去，這樣就可以節省時間，符合現代人生活的快節奏。 6. 保存性強。報紙是一種真實的存在，讀者可以根據自己的興趣、愛好保留對自己有價值的資訊。
報紙的缺點	1. 媒體生命週期短。如日報，從出版到退出市場僅一天時間，這與報紙的時效性是分不開的。時效性要求報紙必須儘快更換。 2. 印刷品質粗糙。報紙生命週期短，沒必要花很大的成本，看過一次就毫無價值可言。 3. 要求受眾有一定的文化基礎，對於文盲是無法產生效果的。 4. 沒有動態的畫面，只能望文思意。 5. 編排不講究，同一版面眾多新聞擁擠，影響廣告效果。

在選擇報紙做為新聞媒體時，我們應瞭解報紙的發行量，是個人訂閱還是贈閱；讀者的一些情況，如讀者的閱讀習慣、購買力、購買傾向等；報紙版面內容介紹……等等。

B、電子報

電子報是以數位媒體的形式出現在網際網路的網頁上，它的製作成本比報紙的成本更低，版面色彩更加豐富，並且可以突破報紙媒體的平面侷限，在版面中加入立體圖形動畫和背景音樂，使讀者更舒心的閱讀媒體內容。

電 子 報 的 優 越 性	
表現方式靈活多樣	電子報不僅能以靜態文字圖片的方式排版，還可以用多媒體技術加入動態影視畫面和聲音，表現形式靈活多樣，使讀者在閱讀中享受到高科技帶來的無窮樂趣。
便於下載和儲存	看到好的文章和畫面，只需簡單的點擊滑鼠就可保存在自己的電腦裡，存儲收集喜愛的內容非常便捷。
不受時間侷限	電子記憶體的容量巨大，可以在有限的空間裡存儲幾年甚至幾十年的電子報內容，讀者可以翻閱任何過去刊登過的文章。
內容更新快速	電子媒體的排版刊出速度非常快，無需在印刷和物流上花費大量時間，一經在網站中排版完成，讀者即可透過網路看到最新內容，時間效率和新聞時效性大大增強。
價格低廉	因為電子報無需印刷費用、紙張費用、物流運送費用，因此成本大大降低，售價也就相對的低廉許多。
突破地區侷限	無論是出差在外，還是異地旅行，只需打開電腦連上網路，就能閱讀訂閱的內容。
節約資源	毫無疑問，數位媒體是節約地球資源的綠色環保產品。

(3) 網路 (Network)

　　網路做為現代高科技產物已經被人類廣泛使用，網路不僅成為上班族們必不可少的一種工作平台，也成為很多人的一種生活方式，而它的重要性主要體現在網路做為數位媒體的優越性上。美國勞動局曾預測，2002至2012年成長快速的二十項產業中，由軟體出版業（Software Publishers）奪魁，網際網路服務與網路蒐尋入口網站（Internet Service and Web Search Portals）名列第二。

網 路 新 聞 的 優 越 特 徵	
傳播面廣	任何人在任何地區，只要上網就能在各大網站看到網路新聞內容，隨著網路的不斷普及，上網人數已經遠遠超過觀看或閱讀其他傳統媒體的人數，成為傳播面最大的高科技新型媒體。
更新快速	網路在內容版面的製作上，比任何新聞媒體的製作都要簡單快捷，能夠以最快的速度向讀者提供最新內容。
民眾參與	任何人都可以在網路BBS上發帖表達自己的觀點和刊登自己發現的新聞內容，參與者不分年齡、地位、職業、階層、種族、語言，具有最廣泛的全球化的民眾參與性。
言論更加自由	任何國家的新聞檢查制度，在這裡都會受到衝擊，民眾的言論比任何媒體，也比任何時候都更加暢通。
突破地域限制	無論讀者置身何處，都能透過網路搜尋感興趣的新聞內容。
內容更全面豐富	新聞內容不再受到媒體工作人員篩選的限制，任何民眾都有在網路BBS裡發表新聞的自由，使新聞內容更加全面和豐富多彩，可以說「大千世界，無所不有」。
表現形式多樣化	網路新聞有著多樣化的表現形式，有電子報紙、網路電台、BBS、各大網站的新聞專欄或新聞頻道，以及文字的、圖片的、聲音的、影像的等多樣化表達形式。
全球化交融	網路突破國家地域界限，成為全球化的一個共用平台，不同國家、不同民族的文化都會在這個平台上得以展示和傳播，使全球文化得以交融。

（4）廣播（Broadcasting）/網路廣播（Network Broadcasting）

廣播是一種聽覺媒體。有人曾把廣播說成是「語言的藝術」。廣播中通俗、簡潔、響亮的語言，烘托氣氛的背景音樂，這些都使得廣播更生動逼真。如今廣播已經不再侷限於收音機收聽的單一方式，廣播也出現在網路上。

A、廣播

廣播按傳播技術可分為調頻、調幅，其中調幅又分為中波、短波、長波。按傳播範圍分為國際電台、國內電台、地方電台。按內容分為新聞台、文藝台、經濟台、交通台、兒童台、教育台、音樂台及各種內容的綜合廣播電台。從經營主體看，可分為商業性電台和非商業性電台。

和報紙一樣，廣播也有著自身的優缺點：

廣 播 的 優 缺 點	
廣播的優點	1. 傳播速度快，範圍廣。省去報紙排版、校對、印刷、發行等許多環節。 2. 不受環境和設施的影響，一天24小時隨時播出，受眾也可以隨時收聽，不受地點限制。 3. 廣播專題節目的設立，使新聞能針對某一層次的消費者，進行深入的分析。 4. 廣播的傳播成本低。 5. 與報紙相比，對受眾的文化水準要求低。
廣播的缺點	1. 資訊不易保存。廣播所播出的新聞都是聽覺的，聽過之後無法保存。 2. 傳聲不傳形。俗話說：「百聞不如一見。」有時候許多生動的新聞在廣播裡播出效果不好。 3. 廣播選擇性差。聽眾無法在同一時間內選擇自己喜歡的節目，因為廣播節目播出順序是事先安排好的。

在整體評價一種廣播新聞時，我們要把握住一些問題，譬如：播出的新聞是否吸引人，聽眾是否能聽懂，是否針對聽眾的興趣及他們所關心的話題，是否突出重點⋯⋯等等。

B、網路廣播

傳統的無線廣播只有聲音，網路廣播不僅有聲音，還可以看到文字與影像，不但可以「聽」廣播，更可以「看」廣播，甚至聽眾還可以透過QQ、PSM或MSN即時通訊工具隨時與節目主持人的助手取得溝通和關聯，切換和參與該節目。

網路廣播電台的構成，通常含有兩種模式：一種是無線廣播電台在網路上的廣播服務，另一種是完全新建的網路廣播電台。

這兩種模式雖然都叫網路廣播電台，但實際的架構是不同的：

兩 種 網 路 廣 播 電 台 模 式 比 對	
無線廣播電台擴充的網路廣播服務	完全新建的網路廣播電台
通常的無線電台，因為已經開始營運，其所有節目的排程都已形成一定的機制和操作流程，其擴充的網路電台只需將直播的節目進行即時轉播，連接到網路即可，節目結束後也可將其更改為隨選方式。	新建網路電台不一定要按照錄製順序來播送節目，只需將要播送的節目傳到服務器上，讓聽眾能夠自由選擇收聽的節目即可，就如同隨選視（音）訊通常自由靈活。
由於頻寬的原因，使無線電台受到種種的限制，所以節目只能依據節目列表順序進行播送。	新建網路電台由於未形成排程機制，因此需要對整個系統進行重新規劃。
無線電訊傳播業（Wireless Telecommunications Carriers, Except Satellite）能將數位內容和資訊傳播結合，突顯成效在看屏時代中另類掘起。	

（5）電視（TV）/網路電視（Network TV）

電視是視聽結合的媒體，同時吸收報紙及雜誌優勢。電視新聞可以是特定時間，可以臨時插播，可以是特定節目，或是以通訊形式在電視上表現出來，也可以贊助某項節目，給人留下更深的印象。除了傳統的電視之外，如今網路電視也越來越多地受到人們的關注，兩者在一定程度上也有競爭的趨勢。

A、電視

電視媒體較之上述的報紙和廣播兩種媒體形式，具有很大的進步性，但它同樣存在著優缺點：

電 視 的 優 缺 點	
電視的優點	1. 電視透過動感的視聽傳播資訊，使人們身臨其境，具有生動感、形象感，且邊聽邊看，對觀眾影響大，觀眾能接收更多的資訊。 2. 比較形象、具體，對受眾要求不高。 3. 把資訊與藝術娛樂融為一體。
電視的缺點	1. 保存性差，資訊不易保存。 3. 掌控性差。這也是所有電子媒體的不足之處，是由內部定速的，受眾無法掌握控制。

在選擇電視媒體時一定要慎重，從不同方面考慮，選擇最適合自己的新聞媒體。

電 視 媒 體 選 擇 應 考 慮 的 事 項	
電視台的覆蓋率	即能接收電視台發射信號的區域。電視台的覆蓋率決定新聞的傳播範圍。通常情況下，覆蓋率與收視率成正比。
收視率及節目觀念構成	收視率多用以下公式來計算：收視率＝（實際收看人數／總人數）×100％。影響收視率的原因：一、時間上的限制，如電視收視率與廣播收視率此消彼長。二、新聞品質不符合受眾的要求。

電視新聞播出成本	常用每千人成本來計算。CPM=（播出費用／收視人數）×1000。
電視台信譽高低及社會形象的好壞	如XX電視台有著較好的信譽及威望。在媒體選擇上，要選擇社會形象好的媒體，才能使新聞更具真實性，吸引更多的受眾。

B、網路電視

因為網路寬頻的普及，數位影片資料在網路上也越來越豐富，網路也成為線民們影音娛樂的主要平台，網路電視產業更在近幾年蓬勃發展，越來越多的業者開始大力促銷、搶攻市場。

網路電視又分為兩種：

網 路 電 視 的 兩 種 形 式	
個人網路電視（Computer TV）	就是在個人電腦裡收看的網路電視節目。也稱ResearchChannel。
家庭網路電視（Home IPTV）	就是全家人在客廳裡可以一起觀看的大螢幕網路電視。

家庭網路電視（Home IPTV）簡稱IPTV，全名Internet Protocol Television，「IPTV＝IP＋TV」公式是一種更為貼切的表示。

IPTV系統透過網際網路協定上的寬頻連接將電視視頻信號分配給訂戶。IPTV系統經常是和訂戶家中的網際網路並行連接的，寬頻營運者使用相同的基礎設施來為訂戶提供這種業務。

IPTV 的 優 勢 和 好 處	
能與觀眾產生互動式服務	IPTV的IP機上盒除了可以接收傳輸信號，還可以使用戶和SP的互動得以實現。

具有多樣化服務	因使用的是TCP/IP協定，IPTV能很容易地把電視服務與網際網路瀏覽，電子郵件，以及多種線上資訊諮詢、教育娛樂、商務營運連結在一起，所以在未來必將展現更為強大的競爭優勢。
對營運商的好處	IPTV業務有可能成為寬頻基礎業務被廣大消費者所接受。常規電視用戶使用量非常龐大，如果能將電視設置成網路終端，哪怕是只是很小的一小部分，也會形成一個極為可觀的用戶群，可想而知這種業務營運的利潤空間是多麼巨大。
對於產業發展的優勢	多樣化發展的IPTV業務必將使產業分工更為明細化，進而形成一個更加健全完整的產業結構。

（6）手機（Handset）

　　隨著高科技的不斷發展，手機與網路建立無線連接，進而獲得網路新聞簡訊服務和閱讀視聽服務。如今手機已經成為人人必備的隨身通訊工具，因此，手機簡訊新聞服務也成為便捷可行的服務內容，而且市場潛力巨大，商機無限。

手 機 簡 訊 新 聞 服 務 的 特 點	
即時便捷	因為有手機體積小、隨身攜帶的特點，因此，能隨時隨地收到新聞簡訊的服務內容，最大程度的保證新聞傳播的時效性。
不受時間、空間、地點的限制	無論身處何地，只要手機開著，都能收到營運商的簡訊服務，沒有時間、空間和地區的限制，可以接受全國乃至全球漫遊服務。
費用低廉	透過網路群發資訊的費用非常低廉，因此，營運商收取的費用也很廉價，幾乎人人都能接受。
綠色環保	做為數位媒體的新聞服務，和網路新聞一樣，屬於綠色環保服務產品。
操作簡便	在所有新聞媒體的服務中，查閱新聞內容，手機是最簡便快捷的，比電腦上網查閱快速，比電視、報紙等其他傳統媒體方式更簡單快速。

（7）新聞媒體策略

　　新聞媒體的選擇應該講究一定的策略，以達到傳播的最佳效果。具體來說，主要應從三方面來考慮，即新聞媒體種類的選擇、新聞媒體工具的選擇及新聞媒體組合的策略。

新 聞 媒 體 選 擇 策 略	
新聞媒體種類的選擇	從本質上來看主要指新聞媒體種類選擇應考慮的因素。 1. 資訊的表達方式。選擇最能充分表達主題，適合資訊表達方式的媒體，通常有感性訴求及理性訴求。前者適用於電視，新聞內容簡單；後者適合於印刷媒體，如政府出版恊的讀者基本為科學技術、文化教育、行政機關等部門文化程度高、有決策能力、購買力強的人。 2. 新聞受眾資訊加工方式。 3. 新聞製作的成本考慮。是選擇成本低的廣播，還是成本高的電視、報紙。 4. 必須考慮同行的策略。採用與同行相同的媒體策略，大多是因為同行沒有充分利用它所選擇的媒體，這時就可以進入，爭取受眾。 5. 必須考慮新聞製作者的實力、經費，採取不同的策略，不能「打腫臉充胖子」。
新聞媒體工具選擇	媒體工具即傳播新聞的載體，在選擇時要考慮如下因素： 1. 對受眾的覆蓋程度。指在一段時間內，所利用的媒體工具所接觸到的所有受眾。媒體策劃最佳目標是縮小多餘傳播，並將媒體擴展到盡可能多的受眾。並考慮發行量、收聽率以及收視率。 2. 媒體工具的可信度，主要指其專業化程度及聲譽。 3. 媒體工具的環境及工具的編輯內容，它是影響新聞效果的重要因素之一，它將影響受眾的心態及其捲入程度。

媒體組合策略	指在經費允許的條件下，以多種媒體同時刊播，通常比使用單一媒體能產生更好的效果，各種媒體的組合使用，稱為媒體組合，現代社會大多都是這種新聞傳播方式。

3. 新聞策劃的方法與技巧

　　新聞策劃的目的就是最終要達到宣傳效應，在新聞策劃過程中，整合各種優勢資源，運用一定的方法和技巧，往往會令這個過程更加的順利、更加的有意義。

新 聞 策 劃 的 方 法 與 技 巧	
與社會責任相關聯	企業間競爭已不完全是產品的競爭，還有文化的競爭，社會責任的競爭，是形象的競爭，企業想要創造出自己的品牌，必須將活動與社會責任相關聯，這樣才能取得社會的認可，樹立企業形象，提高知名度及美譽度。
藉助政府的「手」	企業藉助政府的「手」就是要藉助政府的公信力進行新聞策劃，當然，這一切都必須要求企業產品、企業文化建立在優良的基礎之上，否則也只能是曇花一現，最終歸於失敗，對於企業的長期發展是不利的。
新聞策劃要抓住時機	路透社是世界上最大的通訊社之一，它成功的一個重要經驗就是抓住時機，搶先報導。路透社總是搶在其他通訊社的前頭獨家報導一些新聞。 商場如同戰場，企業必須保持頭腦清醒，瞄準機會，抓住機遇，這樣才能立於不敗之地。
新聞策劃也可以「以情感人」	這一點在很多的公益廣告策劃中都有體現，許多的公益舉辦透過「以情感人」的新聞宣傳，來提倡社會新風氣、宣揚愛心、宣揚正氣。

第九章　廣告產業的文化策劃

1. 廣告產業的構成

主要由業主及其廣告部門、廣告公司、廣告媒體和廣告舉辦等構成。

廣 告 產 業 的 構 成	
業主	現代企業的產品推廣離不開產品行銷，而廣告是產品行銷的重要形式，因此，具有一定規模的企業人，都有專門的廣告部門來負責公司的廣告事務。業主對廣告的巨大需求正是廣告產業存在和發展的根本基礎。
廣告公司	廣告公司是為了滿足業主宣傳需求的服務性舉辦，廣告公司為業主和媒體之間搭建橋樑，廣告公司透過專業的策劃和廣告製作做為有效的傳播產品資訊。
廣告媒體	媒體是廣告業的終端舉辦，將業主需要傳播的廣告內容直接的呈現給潛在的用戶。
廣告舉辦	包括政府廣告管理單位、廣告學術單位、廣告人才教育培訓單位等。

2. 廣告媒體的分類

廣 告 媒 體 的 分 類	
無線電台廣播	廣播是早期的大眾廣告媒體，雖然日漸衰落退出主流市場，但還是有一定的客戶群，譬如：晨操的老人們，正在開車和坐車的人，都是收聽電台的客戶群。
報紙媒體廣告	報紙媒體廣告是傳統廣告業中較早出現並發展比較完善的廣告形式。報紙廣告的最大特點就是受眾面大，可以閱讀及留存備查。

書刊廣告	書刊廣告通常具有較強的專業針對性，可以針對具體的行業和讀者群做專業化的宣傳。
電視媒體廣告	是現代影響力最大的媒體廣告，受眾面大，把文字、聲音、圖像結合在一起，能夠給人產生強烈影響的廣告形式。
戶外廣告	主要有：路牌廣告、宣傳單、公車體廣告、戶外展示牌、布標、街頭表演和產品示範活動等，花樣靈活多變。
網際網路廣告	是新興起的具有巨大發展前景的廣告媒體，目前其主要客戶群體是青年學生和白領階層。
手機廣告	隨著手機的廣泛普及，手機廣告也進入人們的視野。但是受到用戶個人權力的侷限，目前還沒有找到更好的方式和對策進行普及性推廣。

3. 廣告策劃

　　廣告策劃是指廣告從業者透過全面周密的市場調查，以及系統的研究分析，並利用自身掌握的多方面知識、情報和方法，合理而有效地策劃廣告活動的過程。

　　廣告策劃包括廣告目標、媒體選擇、廣告資訊設計、廣告預算、廣告效果評估、廣告舉辦管理、廣告計畫書等內容。

廣　告　策　劃	
確定廣告目標	1. 判斷廣告目標的類型 　① 傳遞資訊：實現企業與顧客之間的資訊溝通，向目標溝通 　　　　　　　對象提供企業產品資訊，顧客透過收集資訊達 　　　　　　　到購買的目的。 　② 誘導購買：廣告透過強調產品的性能特點和價格優勢來影 　　　　　　　響購買行為。 　③ 提醒客戶使用：廣告的提醒使用目標是為了加深顧客對產 　　　　　　　品的印象，避免遺忘，它能促使顧客對品 　　　　　　　牌產品的注意。 2. 確定廣告目標的要求 　廣告目標要清楚明確、切實可行，能被其他部門所接受，能夠 　分解為具體的廣告活動目標。
廣告資訊創作	1. 廣告創意：廣告創意是廣告獨具特色的內涵和表現形式。 　① 廣告創意的原則：與產品和環境密切結合、準確定位、恰 　　　　　　　當表達。 　② 廣告創意的技巧：包括創意設計主調和內容編排。 2. 確定廣告的表達方式： 　① 利用生活片段表達廣告主題。 　② 生活方式。 　③ 引人入勝的幻境。 　④ 設計一種氛圍和情境。 　⑤ 名人效應。 　⑥ 解決問題的方式。 　⑦ 用音樂或歌曲配合表現主題。 　⑧ 示範或證明。

廣告設計	1. 廣告設計的要求：通常情況下，廣告設計要把握主題性、簡明性、真實性、創新性、藝術性等原則。 2. 廣告設計要素：廣告文稿內容、字體、色彩、構圖等。 3. 媒體廣告的設計要求：要考慮廣告的影響面，接觸的頻率和影響的效果。
廣告媒體的選擇	1. 根據廣告媒體的特點進行選擇。 2. 根據廣告目標、產品性質、消費者習慣、媒體特性、媒體成本、政府法律等因素選擇廣告媒體。 3. 懂得媒體組合的運用，不同的廣告媒體之間進行有效的系列化組合，以提高廣告的效益。
廣告預算編製	1. 預算編製需要明白：產品生命週期、目標市場的大小、市場競爭狀況、銷售目標、企業財務條件等要素。 2. 廣告預算制訂的方法有：銷售額百分比法、目標任務法、競爭對抗法、支出可能法等。 3. 廣告預算的分配：媒體間的分配、媒體內的分配、地域分配、時段分配、商品分配、廣告對象分配等。
廣告效果評價	1. 根據廣告效果的特點進行評估，其特點為：時間推移性、累積效果性和間接效果性。 2. 根據廣告效果的分類評估：傳播資訊的效果、廣告媒體的效果、廣告製作的效果、廣告費用的效果。 3. 廣告效果的測定方法：生理反應測定法、認識程度測定法、銷售效果測定法。
編寫廣告計畫書	廣告計畫書的主要內容應包括：前言、市場分析、廣告戰略、廣告對象、廣告地區、廣告策略、廣告預算、廣告效果預測等部分。

4. 廣告策劃書的編製

（1）廣告策劃書的編製內容

廣 告 策 劃 書 的 編 製 內 容	
書寫格式	封面、前言、目錄、正文。
廣告內容分析與確定	廣告內容分析包括：廣告環境、廣告目標、廣告主題、廣告配合物（體）、廣告傳播區域、廣告創意、媒體選擇、費用預算、效果評估……等等。
決定廣告實施策略	1.市場分析：企業分析、產品分析、銷售分析、企業行銷戰略、阻礙分析。 2.廣告戰略：公共關係戰略、廣告媒體戰略、廣告預算分配，廣告統一設計，廣告效果評估。

（2）廣告策劃書的書寫格式及要求

下面的策劃書格式適合通常小型廣告策劃活動：

廣 告 策 劃 書 的 書 寫 格 式	
策劃書名稱	寫出具體的策劃名稱。如「××××促銷活動策劃書」。
活動背景	對背景相關因素全面分析，可根據策劃書的特點選取以下內容重點闡述，主要包括基本簡介、執行對象、近期狀況、舉辦部門、活動原因、社會影響、目的動機、環境因素等八項內容。
活動目的、意義和目標	1.要用簡潔明瞭的語言表述要點。 2.明確指出活動的經濟效益、社會利益和媒體效應等。 3.活動目標要具體化、步驟化。 4.實施的可行性和時效性。

資源需要	明確列出所需人力資源和物力資源。包括具體的使用場地、人員名單、所需資金等，要具體準確。
活動展開	這是策劃書的正文部分。 1. 文字表述上：一定要簡潔明瞭、條理清晰、容易理解，內容上力求具體、詳盡和全面。最好有圖表化的表述方式，直觀簡單。 2. 操作步驟上：一定要具體、明確、詳細，並注意時間上的先後順序排列和實施的可行性。 3. 人員安排上：要配備合理、責任明確、落實到位、熟記自己的執行程序。
經費預算	經費預算要：具體到每一個細節，有每一筆費用的市場參考價格，周密的計算後，並考慮到預測之外處理突發事件的費用。
應急預案	當環境發生變化，或是出乎預料的事情出現時，應有所準備，因此要建立相對的應急預案以處理突發事件。譬如：產品安全問題、顧客安全等。
活動負責人及主要參與者	註明舉辦者、參與者姓名、嘉賓、單位等。明確參與者的分工責任、義務和權力。

第十章 體育文化的策劃

　　體育做為當今世界第一大休閒產業，吸引愈來愈多人的目光。體育做為體驗產品，只要地球上有人存在，就有健康需求。不僅如此，體育還是統合不同文化的平台，所以體育也需要文化策劃。

1. 體育產業的社會功能

　　體育影射一個社會的各個方面，體育和政治、經濟、家庭、宗教等傳統社會領域並無二致，同樣具有普遍性的文化生活方式和基本的社會性制度。體育的發展水準很大程度上代表社會的進步和人類文明發展的程度。

（1）體育與社會的發展

　　體育的發展促進社會多方面的發展，並不僅僅是經濟方面。這種促進作用是相互的，具體表現為以下幾方面。

體育對社會的促進作用	
提高人的素質	人是社會的主體，人的素質高低決定著社會文明化的發展。人的素質有體能和心理兩方面。進行體育鍛鍊，能夠使人保持充沛的體力、健康的體魄，進而服務於社會。
促進城市的現代化	舉辦體育賽事，需要場館及相關配套設施和服務的配合。為確保比賽的順利進行，必然要相對加大城市建設的力度，場館設施的建設，改善交通，提升服務水準等。從實質上加速城市現代化建設的發展。
加速高科技應用	優異的比賽成績是諸多因素共同作用的結果，譬如運動員穿的服裝、運動鞋，使用的比賽器材等。這就促進各國體育科技研發的投入與產出，科技研發成果在實踐中的運用，既服務體育，又增加社會效益。

（2）體育與市場經濟的發展

　　一個國家的國民經濟結構發展很大程度上是由第三產業的發展水準來反映的，國民經濟結構發展水準往往又反映一個國家經濟發展的品質。通常情況下，第三產業的增加值在發達國家會佔據GDP很大一部分比重，其中體育產業又是成長迅速的第三產業形式。體育產業的未來市場非常廣闊，體育產業的發展將會對整個市場經濟的發展產生不可估量的促進作用。

2. 體育的產業化經濟

　　前面我們已提到體育經濟即體育產業的基本情況，進行體育文化策劃時，必然離不開經濟。下面就對體育產業的經濟模式做簡單的介紹：

體育產業的經濟模式	
體育贊助業	大部分體育資產都是無形資產，這種無形資產的優勢是滲透性強，企業利用這些無形資產宣傳自己，促進公眾瞭解，這種公眾通常是世界性的，因而也幫助企業開拓世界性大市場。
體育廣告業	體育廣告有著新穎的形式，豐富的內容，其包含領域十分廣泛。譬如：賽場內外的紀念品、吉祥物；場邊看板、電視廣告、燈箱廣告、服裝、鞋、帽⋯⋯等等。
體育博彩業	博彩是一種獎券，一種投資方法，博彩的發行需透過相關部門的批准；博彩也是一種融資證券，可以為體育的發展提供資金。
體育旅遊業	由於體育比賽受關注程度高，同時一些體育項目，人們容易親自參與，因此促進比賽舉辦國的旅遊者增多，具有天然體育項目資源的地區也可獲得旅遊收入。
體育娛樂業	隨著人們生活水準的日益提高，人們在自身健康、娛樂方面的追求日益強烈。體育娛樂業是指能給人帶來愉悅、歡樂的活動過程的項目。

體育明星經紀業	由於人們對體育明星的崇拜，在一定程度上，明星可引導人們消費，可以利用這一點，打明星品牌宣傳或直接利用明星產生經濟效益。
體育用品業	體育的普及與推廣，必然帶動體育用品需求的增長，大眾化的體育用品業如今已成為市場的主流。

3. 體育文化策劃的三大特點

綜觀當今體育的發展趨勢，職業化、社會化、商業化是各種項目必然發展的趨勢，體育策劃想要獲得成功，就必須把握住這種趨勢。

體 育 文 化 策 劃 的 三 大 特 點	
職業化	因為各種體育項目產生、發展條件的差異，所以各項目的職業化程度也不一樣。分析職業化產生和發展的條件，有以下幾點： 1. 群眾基礎：通常易於被人們所接受，能夠激發人們的積極性和熱情，參與性較強的項目發展會更快。 2. 項目自身的品質：體育項目自身的品質是該項目發展的關鍵所在。項目激烈、緊張才能吸引更多人經常性地收看比賽，才能取得更大的經濟效益。 3. 行業舉辦管理：建立權威性的行業舉辦對該項目的各個舉辦進行統一的管理、監督和協調，是必要的基礎保證。
社會化	體育文化策劃體現社會化的目的就要擴大社會影響，樹立舉辦者的良好形象，進而獲得更廣泛的社會關注和投入。例如每次舉辦完奧運會後，東道國必定舉辦殘疾人奧運會；一些舉辦團體舉辦友誼賽為兒童、災民募捐等等。

商業化	商業化不僅符合社會、經濟發展的總體需要，而且還是奧林匹克運動實現不斷進步的客觀需要。體育運動的商業化運作模式自1984年洛杉磯奧運會開創盈利先例後，各單項體育運動的商業化氣息也越來越濃。體育文化策劃實現商業化的途徑有以下幾點： 1. 門票：門票是賽事活動的基本收入。 2. 廣告：廣告是企業藉賽事活動進行自身宣傳的主要方式，同時也為賽事活動帶來可觀的收入。廣告的內容包羅甚廣，如運動員穿著、比賽器具等；廣告形式可分為場地廣告、電視廣告、門票廣告、贊助廣告、宣傳廣告等幾種形式。 3. 指定產品：指的是某運動隊或運動員指定供應的產品，譬如：飲料、服裝、比賽用具等；指定產品還包括賽會的吉祥物、徽章、紀念品等。 4. 電視轉播權的出售：出售電視轉播權是大型賽事盈利的重要途徑。

以上三大體育文化策劃特點和體育文化、體育經濟密切相關，是體育文化策劃的基礎性原則。

4. 全球最大的體育策劃：世界盃（World Cup）與奧運會（The Olympics）

在全世界，受到全球矚目的最大賽事有兩個：一個是世界盃，一個是奧運會。同時，這兩項賽事也是全球性的國際級的體育策劃項目，就其產生的經濟效益，以及在全球各地產生經濟、政治上的影響力來說，是非常巨大的。

（1）世界盃

每隔四年的夏季，全世界最閃爍的體育光芒就來自大力神杯 —— 足球世界盃。世界盃的發展，如今已不單純是一項體育賽事，它涉及到一個國家的政治、經濟、文化等諸多方面的內容，這些內容無不伴隨著一場系統的策劃工程。

看下面的資料，就明白體育策劃在世界盃上產生的經濟利益是多麼巨大：

最近四屆的世界盃收益	
1994年第15屆美國世界盃	52場共360萬張門票，門票平均價格58美元，電視轉播權益金900萬美元，總收入共達40億美元。
1998年第16屆法國世界盃	64場250萬張門票收入共約1.36億美元。廣告收益總值為9980萬歐元。總收入共100億美元。
2002年第17屆日韓世界盃	日本在此場賽事中產生的直接經濟效益為258億美元。韓國則獲得88.8億美元的直接收益，此外，韓國還將另獲4.1億美元附加價值，增加24.5萬個就業機會。
2006年第18屆德國世界盃	德國為舉辦世界盃投資80億美元，遊客帶來近30億美元的直接收入；電視轉播費用13億美元；門票銷售收入10億美元；贊助商直接貢獻30億美元；服務於世界盃的相關行業的收入將超過150億美元。直接經濟總收益達200億美元。

（2）奧運會

從古希臘軍事訓練和競技比賽，演變為和平、友誼的運動會，奧運會已走過百年歷史，在這百年歷史中，以更高、更快、更強為宗旨的體育盛會，為世界和平與人類團結友誼做出不可磨滅的貢獻。

奧運會與政治、經濟、科技等方面融為一體，交互作用，給舉辦方到來多方面的綜合效益。

A、1996年亞特蘭大（Atlanta）奧運會在開賽前的舉辦策劃：

1996 年 亞 特 蘭 大（Atlanta）奧 運 會 開 賽 前 的 組 織 策 劃	
賽場和運動員、記者駐地	1. 改進現有亞特蘭大（Atlanta）體育場和設施，增建部分新設施。主體運動場 —— 奧林匹克運動場靠近原來棒球場，宏偉壯觀。 2. 奧運村（Olympic Village）：位於美國喬治亞州（Georgia）理工學院校園內，耗資4700萬美元，除了能夠為15000名運動員和教練提供良好的住宿和膳食供給外，還提供讓運動員進行訓練和娛樂等活動的基本設施。 3. 新聞中心（News Center）：把位於亞特蘭大（Georgia）市中心的一個藝術中心（Arts Center）設置為總新聞中心（Headquarters News Center），使用面積達28000平方公尺。此外，組委會還在奧運村、各個比賽場地、訓練中心等處設分中心，以方便記者工作。
文化方面	1. 奧林匹克公園（Olympic Park）：在這裡將舉行奧運會期間的藝術活動，許多國家的藝術家都將在這裡獻藝。公園的道路用紀念磚鋪成，每塊磚的磚面廣告以35美元的價格出售，買者可以將自己名字刻在磚面上，以做為永遠紀念。 2. 開幕式和閉幕式做精心設計和安排，充分體現出奧運大家庭的歡樂與友誼。 3. 舉辦奧林匹克郵票展，計畫展出185套郵票。
經濟方面	1. 贊助商（Sponsors）—— 有31家企業以設備、現金、商品、服務等多種形式向組委會提供贊助，每家公司的贊助標準最低為400萬美元，享有使用五環旗在各種媒體上做廣告的權利。總開支中約有6.3億美元來自企業贊助。 2. 電視轉播費 —— 共收入10億多美元。 3. 奧運標誌使用權 —— 收入近2億美元。其中可達、可口可樂、耐克等10家公司買斷在各自領域內使用標誌的權力，開價在1000萬美元以上。 4. 門票收入 —— 達2.9億美元，價格在1萬美元以上的套票早已預售一空。 5. 旅遊收入 —— 有10萬人次來到亞特蘭大市及喬治亞州，各項開銷估計在25億美元以上。 6. 1996年的奧運會，為亞特蘭大市和喬治亞州總計帶來約51億美元的收入。

精神方面	1. 藉助奧運會，修建大量的運動場館和體育設施，帶動當地體育事業的發展。 2. 在1990年申辦奧運會成功之後，參加亞市運動會選手人數為3萬人，在美國各大城市中名列榜首。 3. 奧運會給喬治亞州和亞特蘭大市帶來的最大收益，是向世界展示該州的風采，大大提高該州和該市在世界上的知名度和美譽度，進而在一個較長的未來時期內，給該州帶來持續的綜合經濟效益。

B、2008年北京奧運會

　　關於2008北京奧運的策劃是多方面的，這裡針對主要的文化策劃做些介紹，如：奧運獎牌、奧運徽章、奧運聖火、奧運圖示、奧運吉祥物、比賽場館與比賽日程等。

2008年 北 京 奧 運 會 總 體 文 化 策 劃	
奧運徽章（Olympic Logos）	中國印 —— 外形似印非印，文字又似「京」非「京」，像一個舞者，寓意舞動的北京，它是漢文化的符號，也象徵著開放與活力的中國形象。
奧運獎牌（Olympic Medal）	本次奧運會獎盃的正面是國際奧委會統一規定的圖案 —— 有翅膀的希臘勝利女神（The victory goddess），背景是希臘潘納辛納科運動競技場。獎牌背面鑲嵌中國古代龍紋玉璧造型的玉璧，正中間的金屬圖形上刻著北京奧運會徽章。
奧運聖火（Olympic Torch）	北京奧運會聖火的上部是祥雲圖案，寓意「淵源共生，和諧共融」。
北京2008年奧運會吉祥物（The Olympic Mascot）「福娃」	北京第29屆奧運會吉祥物是：福娃貝貝、福娃晶晶、福娃歡歡、福娃迎迎、福娃妮妮。福娃把和平、友誼、幸福、積極進取的精神和人與自然和諧共處的美好願望傳遞給全世界的孩子們。

奧運會聖火傳遞標誌	「和諧之旅」是北京奧運會聖火傳遞的主題，「點燃激情，傳遞夢想」是口號，將在五大洲（國家、地區）的22座城市以及本土境內31個省、自治區和直轄市傳遞，值得關注的是，聖火在傳遞途中還將抵達世界之最的珠穆朗瑪峰。
賽程安排（Match Arrangement）	北京2008年奧運會賽事共設28個大項、302個小項，比賽從2008年8月6日開始至8月24日結束，另外根據賽程，足球比賽將先於開幕式之前開賽。田徑項目產生金牌數量最多，共47枚金牌。

奧運徽章（Olympic Logos）　　　　奧運會聖火傳遞標誌

北京2008年奧運會吉祥物（The Olympic Mascot）「福娃」

第十一章　飲食文化與書畫藝術策劃

本節為了飲食文化（Food culture）策劃研究的需要，將飲食文化分成具體的三大部分，即飲食文化、酒文化、茶文化（咖啡文化在下一章論述）；與此對應，飲食文化大策劃也就分為飲食文化策劃、茶文化策劃、酒文化策劃，下面分別在各節討論之。

1.飲食習俗的文化策劃

飲食做為一種文化現象，已經為人們認同和接受。飲食文化是商業文化中的一個重要內容，它以經濟發展為基礎，反過來又促進社會經濟的發展。「民以食為天」，「吃」是人們生活中最基本的需求，是人們衣、食、住、行的基礎，是人們生活的核心。

世界各個國家都有自己的飲食習俗，但是西方飲食在做法上相對來說比較簡單，阿拉伯國家的人習慣於赤手抓飯，大都是溫熱和涼的食物，唯有華人的飲食豐富多彩。

（1）中國烹調技術

「中國菜好」，好在哪裡？好在其種類繁多、講究質地、味美純正、色澤鮮豔、形態美觀、富有營養，以及色、香、味、形等無一不佳。

中 國 烹 調 技 術 的 特 點	
食材精細	每道菜餚所選的食材，其中包括主料、輔料、配料、調味料等，都很講究，非常精細。 1. 精。指所選食材講究，要考慮其產地、季節、品種、生長期等特點，以鮮嫩、質地優良為上乘；同時，還必須根據菜餚的風味要求進行事前的特殊處理，使其達到要求。 2. 細。指選用食材的適當部位。譬如：「滑溜肉片」是用豬的里脊肉才能做出嫩滑味美。
刀工巧妙	刀工處理食材，使其成為烹調需要的形態，以適宜火候，便於入味，是烹調上的一個關鍵技術。刀技結合拼盤技法，能夠把熟食或可食生食拼裝成諸如鳥、蟲、魚、獸、花、木、草等花式的藝術拼盤。
火候恰當	中國烹調技術中的絕技就在於火候的掌握上，這是一個只能自己在實踐中體會而難以言傳的技術。菜餚的醬色風味全靠火候來調節，正因為火候瞬息萬變，如果沒有多年的實際經驗，很難把菜做到恰到好處的。

（2）中國菜餚的流派

中國菜餚有「四大風味菜系」和「八大風味菜系」之說，這是根據地方特色風味構成的流派。「四大風味」指的是黃河流域的山東菜系、長江上游的四川菜系、長江中下游及東南沿海地區的江蘇菜系以及珠江流域及南部沿海地區的廣東菜系。

此外，浙江、安徽、湖南、福建等逐步形成獨具風格的菜系，因此也有人把中國菜系在原來四大菜系的基礎上又加上四個菜系，稱為八大菜系，下表分別給

予介紹。

中國菜餚八大菜系	
四川風味 （川菜）	1. 川菜風味濃厚，以麻、辣口味和味多、味廣著稱，「一菜一格，百菜百味」，調味料離不了三椒一薑（辣椒、花椒、胡椒、鮮薑），但辣中有奇，魚香麻辣、酸辣、椒麻、怪味等都被公認辣中美味。 2. 川菜有煎、炒、溜、炸、熗、爆、烤、煸、烘、燉、燒、燴、煮、燜、氽、蒸、酥炸、燙、沖、煨、滷、泡、拌、乾燒、凍、鮮溜、鍋貼等近40種烹調方法，3000餘種菜品。 3. 川菜技法非常古老，發端於秦漢時期。做為一種飲食文化現象，川菜的歷史底蘊非常深厚，在歷代名人名作涉及到巴蜀地域風物時，都有吟誦川菜的佳詞佳句。
山東風味 （魯菜）	1. 魯菜也是有著悠久歷史和廣泛影響的菜系。魯菜以味鮮、鹹、脆、嫩，做工精細的特點著稱。 2. 魯菜特點： ① 善於熬湯。有「奶湯」和「清湯」之分。 ② 善於製作海鮮。魯菜對海產珍品和小海味的烹調堪稱一絕。 ③ 善於以蔥調味，山東人愛生吃大蔥，對大蔥有特別的喜好，尤其在菜餚烹調過程中。 3. 魯菜的特點是： 少濃多清，醇厚而不膩，以香、脆、鮮、嫩見長。
廣東風味 （粵菜）	1. 粵菜是廣東一帶的風味菜，主要包括廣州、東江、潮州三地的風味，以廣州風味為其代表。 2. 粵菜特點： ① 食材奇異廣泛。粵菜食材有著繁多的種類花樣，舉凡地上爬的、天上飛的、水中游的，皆可入席。 ② 精細的用量、美豔的裝飾、多巧的配料。 ③ 技法獨特。粵菜比較重視煎、燒、炸、燴，力求鮮、滑、爽、嫩，用料不拘一格。

江蘇風味 （蘇菜）	1. 江蘇菜系主要包括淮揚、蘇錫、徐海、南京四地菜，在長江中下游的廣大地區深受喜愛。 2. 江蘇菜的特點： ① 主用海鮮食材，刀工力求精細，對火候尤其注重，善於燉、煙、熄、糯。 ② 追求清鮮本和、鹹甜醇正的菜品本味。 ③ 菜品外形風格雅麗，形、質俱美，酥爛脫骨而不失其形，滑嫩爽脆而益顯其味。 ④ 以燉、燜、煮、煨製作方法見長，追求原汁原味，口味濃淡適宜，略帶甜味。
浙江菜系 （浙菜）	1. 浙江菜系主要包括杭州、紹興、寧波三地菜，以杭州菜為其代表。 2. 浙江菜的三個特點： ① 食材精細，喜愛地方土產，要求鮮活、鮮嫩，菜餚清鮮爽脆。 ② 以南菜北烹的方法見長，清鮮脆嫩。 ③ 講究細膩精巧、雅麗清秀的形態。浙江菜有文化色彩濃郁的特色。
湖南菜系 （湘菜）	1. 湘菜的特色是：種類豐富、味感鮮明。湘菜名廚輩出，自成一家。 2. 湖南菜有三個特點： ① 精妙的刀工，形味具佳。 ② 擅長調味，以酸辣著稱。 ③ 多樣的烹調技法，尤其注重煨。
福建菜系 （閩菜、台菜）	1. 閩菜主要包括福州、閩南和閩西三地的風味菜及臺灣部分的菜。閩菜以福州菜為主流菜。閩菜除了在福州盛行外，也廣泛流傳於閩東、閩中、閩北一帶。 2. 閩菜的烹調有四個鮮明的特徵： ① 刀工嚴謹，細緻入微。 ② 湯菜居多，滋味清鮮。 ③ 調味奇異，甘美芳香。 ④ 烹調細膩，豐富多彩。

安徽菜系 （徽菜）	1. 安徽菜主要包括皖南、沿江和沿淮三地的風味菜，其中以皖南菜為代表。皖南菜素來善於烹調山珍海味，尤善於燉、燒，火候較為講究。 2. 安徽菜的四個特點： ① 就地取材，用料嚴謹。尤重新鮮活嫩。 ② 用火功夫巧妙獨特。重色、重油、重火工。 ③ 善於燒、燉，濃淡合適。 ④ 注重食補，以食養身。

2.茶文化策劃

　　世界茶文化發源於中國四川，經過幾千年的發展和傳播，現在已經傳遍世界各地，成為世界上最大的飲料，並形成各種不同的茶文化，因此，茶文化的策劃也成為文化策劃的一項重要內容。

（1）名茶策劃手法

　　名茶形成因素是多方面的，和社會制度、生產力發展等均有密切關係，下面就名茶形成的幾個較為直接的因素簡要探討一下名茶形成的幾個策劃手法。

名 茶 的 策 劃 與 產 生	
名山、名水出名茶	世上的許多名茶都出自名山勝地。譬如：黃山毛峰、阿里山茶、西湖龍井等，名山勝地與名茶有著密切的關聯。
名人揚名茶	古今的官員都嗜茶，文人更是如此。他們善於將茶寫進詩裡，甚至專門為茶詩、茶歌、茶賦等。唐朝詩人杜甫、李白、皮日休等；繼而宋朝詩人蘇軾、歐陽修、陸游、范大成等；及後世元、明、清的無數詩人都將茶寫入詩中或做茶詩。

詩賦促名茶	茶與詩歌藝術相結合，更為雅致，並藉助於詩歌的傳播和詩人的威望，而聲名遠揚，甚至蜚聲海外。
貢茶出名茶	早在周武王伐紂時，四川少數民族常在入朝時攜茶進貢。到唐朝，朝廷規定貢茶制度，將各地的名茶均列為貢品。茶葉受到帝王的喜愛，地方各級官員為爭寵求榮，升官發財，貢茶成風。
鬥茶促名茶	自唐朝以來，貢茶之風日漸興起，對貢茶的品質要求也日益嚴格，進而迫使各產地的官員們採取種種措施來提高進貢茶葉的品質，增加新的種類，形成「鬥茶」之風。這在客觀上有其積極作用。歷代貢茶之風客觀上產生促進名茶生產、發展及推動新的高級名茶的作用。唐朝時期鬥茶活動傳到日本，並一直傳承到今天。

（2）茶葉的品類命名策劃

不同的茶葉種類，命名的方法各式各樣，從命名可以看出茶文化策劃的豐富內容。

茶 葉 的 品 類 命 名	
命 名 方 式	命 名 舉 例
觀形定式命名	如產於湖南岳陽的「君山銀針」，其形狀圓直似針；如產於安徽黃山的「綠牡丹」，被用絲線精巧地紮結為牡丹花朵形狀。
藉山川名勝之名	如產於浙江杭州的「西湖龍井」、產於安徽歙縣的「黃山毛峰」等。

觀外形色澤或湯色	依據湯色命名的如綠茶、紅茶等；有的結合外形色澤和形狀而命名，如「銀毫」、「銀芽」等。
聞茶香、茶味特點而命名	如產於安徽舒城的「蘭花茶」，有蘭花的芳香；產於湖南江華的「苦茶」，其滋味微苦。
依採摘時節	如「明前茶」是在清明節前採製，「春茶」通常在4～5月份採製，「新茶」就是當年採製的茶。
按加工製造工藝而命名	如「炒青」是用鐵鍋炒製的，「曬青」是在太陽光下曬製的；「花茶」是茶葉用香花窨製而成，「緊壓茶」是茶葉經蒸壓而成；如各種發酵茶根據茶葉加工時發酵的程度來區分。
用包裝的形式命名	如「袋泡茶」、「罐裝茶」等。
照茶樹種類的名稱	如烏龍茶類的「水仙」、「大紅袍」等，就是以茶樹種類而命名的。
採銷路不同	如「內銷茶」在國內銷售，「邊銷茶」在邊疆銷售，「外銷茶」、「出口茶」銷往國外。
依不同的產地	如「滇紅」，「滇」指的就是雲南；「祁門紅茶」產自於安徽祁門。
按故事或名人	如產於福建安溪的烏龍名茶鐵觀音，就有著一個優美動聽的傳說。
依添加物和功能	如人參茶、檸檬紅茶、減肥茶、明目茶、益壽茶等。
綜合命名	綜合命名就是結合茶的多種特性而命名。如武夷山岩茶肉桂，武夷名山眾人皆知，岩為山上岩石，長於岩石之上，肉桂形容茶葉如肉桂，肉桂具有中藥性質。

（3）品茶、喝茶與吃茶的不同文化含義

中國人飲茶的方式有品茶、喝茶和吃茶之分。通常來說，品茶之意在於講究情趣，注重精神享受和愉悅；喝茶大多在於解渴，是人體機能的需要，屬於物質方面。

品 茶、喝 茶 與 吃 茶 的 不 同 文 化 含 義	
品茶	品茶需要在四個方面加以完善，即：品茶者的心理，茶的品質，人際關係，以及品茶的環境。 品茶講究茶的品質優良，要備精緻的茶具，要用甘美的泉水，品茶環境最好融入詩情畫意。能夠具備以上的品茶條件，可以稱得上是一種綜合性的生活藝術。茶色賞心悅目、茶味甘美清冽、茶香清新沖和、茶具典雅精緻、環境如詩如畫，可謂人間至真至純的美學境界。
喝茶	如今很多人飲茶往往都是一飲而盡，這種飲茶方式僅僅只是為了解渴，毫無欣賞性和趣味性。儘管這種方式不得品茗樂趣，但卻與當今生活比較同步，這種方式對茶的沖泡和飲用沒有特別的要求，比較簡便實惠，因此比較普及。
吃茶	這裡所說的吃茶，和江、浙、滬，以及廣東一帶習慣性地把飲茶稱為吃茶有所不同，指的是通常性的泡茶，或以茶作料後，連湯帶茶，甚至和作料一起吃下去。這只能稱得上是一種習慣。不過，吃茶的做法從營養價值、保健作用方面而言，只要是茶沒有受到污染，會更優於飲茶，更有益於人體的健康。

（4）家庭茶禮文化

飲茶原本是生活的必須品，與人民的生活休戚相關，無處不在，人的生活是離不開茶的。而且，喝茶之中還體現一種交往禮節。

家 庭 茶 禮 文 化	
客來要敬茶	中國人認為，客來敬茶是常禮。在一杯茶中，既凝聚著中國傳統文化的基本精神，又充滿著中國傳統文化的藝術氣息。客來敬茶，它在包容物質和文化的同時，更彙聚著一股情誼，這種精神的「東西」卻是無價的。
奉茶講禮儀	客來敬茶，要講究文明禮貌。至於泡茶用的茶具，最好富有藝術性，即使不是珍貴之作，也要洗得乾乾淨淨。如果用的是一種珍稀或珍貴的茶具，那麼，主人也會一邊陪同客人飲茶，一邊介紹茶具的歷史和特點、製作和技藝，透過對壺藝的鑑賞共同增進對茶具文化的認識，使敬茶情誼得到昇華。
沏茶重技藝	客來敬茶，在注重禮節的同時，還要講究泡茶的技藝。在泡茶時，最好避免用手直接抓茶，可用茶匙，逐壺（杯）添加茶葉。 泡茶用水必須是清潔無異味的。泡茶時，不宜一次將水沖得過滿。可分兩次沖水，第一次沖至二分滿，待幾秒鐘後，茶葉開始展開時，再沖至七、八分滿。
送茶為敬客	在中國人的習慣中，不但要客來敬茶，而且還要贈茶敬客。倘若「有朋自遠方來」，主人敬茶時，發現客人對沖泡的茶情有獨鍾時，只要家中藏茶還有富餘，一定要分出茶米，隨即餽贈給客人。或者是親朋好友，常因遠隔重洋，關山阻擋，不能相聚共飲香茗，引為憾事，於是千里寄新茶，以表懷念之情。

（5）茶宴、茶會與茶館文化

茶宴，本是朋友間品茗清淡之舉，在此基礎上，又演繹出茶話會，這是一種「以茶引言，用茶助話」的生活習俗，至今已成為臺灣、香港、大陸、東南亞，乃至世界最時尚的集會方式之一。茶館與茶攤都是專門用來飲茶的公共場所。不過，茶館是固定場所。坐茶館是人們休閒娛樂、談天說地、議事敘誼、買賣交易的好去處。

茶宴、茶會與茶館文化		
古今茶宴	唐朝	以茶為宴，最早出現在唐朝。唐朝「大曆十才子」之一的錢起寫了一首茶宴詩，名叫《與趙莒茶宴》。詩中說的是錢起和文友趙莒一道舉行茶宴時的愉悅情感，文人品茶一直飲到夕陽西下。唐朝的李嘉祐在《秋曉招隱寺東峰茶宴送內弟閻伯均歸江州》中，也寫道：「幸有茶香留稚子，不堪秋草送王孫。」寫出與至友茶宴時的快慰心境。
	五代	唐朝以後，這種友人間的以茶代酒、談詩、說文的聚會形式一直延綿不斷。到五代時有朝廷官員和凝，與同事以茶相飲，相互品茶，把這種飲茶的樂趣稱為「湯社」。
	宋朝	到宋朝，國家注重文化教育，民間文人增多，文人雅士們引茶聚會的形式開始接近於民眾的茶館業，使茶宴開始淡化，走向大眾化的趨勢。
	近代	到近代，隨著人們對物質文化和精神文化生活要求的不斷提高，茶宴一詞又開始較多的出現在文化名人們的聚會活動、日常生活。
	當今	今日的茶宴已經和往日的不同，大多都是以茶配甜點來設宴，或以茶食、茶湯、茶菜等形式做為宴客方式。與古人的茶宴相比，雖然形式大抵相同，但內容已經有所發展和提高。
茶話會	東亞	茶話會與茶宴不同，它既不像茶宴那樣講究，又不像日本茶道那樣繁瑣禮節和循規蹈矩，也不像茶館裡那樣可以放浪形骸，它簡樸而隨和，活撥而不失禮節，因而受到中國近代人的喜愛，並廣泛用於政府和企業的各種活動之中，體現出輕鬆活撥的場面，尤其較多在學術交流和公司聯歡座談活動中被採用。 在中國，特別是新春佳節，各級政府機關、企業單位、社團舉辦，總喜歡用茶話會這一聚會形式來進行。
		日本推崇茶道，韓國講究茶禮，在東南亞各國也崇尚以茶敬客。在東亞國家裡，商界和社團舉辦，也經常用茶話會形式進行各種團體社交活動。

坐茶館	大眾性	茶館在一些地方又稱茶坊、茶樓、茶肆等。中國的茶館遍及大江南北，尤其以南方最多，無論是城鎮，還是鄉村，幾乎隨處可見。在茶館裡，不論長幼，不分職業，不談地位，不講性別，三教九流之人都可隨進隨出，具有最廣泛的大眾文化基礎。
	生活性	在茶館裡，可以隨意打聽和傳播消息，抨擊時弊和議論世事；在茶館裡，可以進行思想交流、感情聯絡和買賣交易；在茶館裡，可以品茗自樂、休閒聊天、說書聽戲。所以，坐茶館，是人們生活的日常需要，它符合中國人的傳統風習，這也是中國人喜歡坐茶館的重要原由。
	全國性	今天的中國，無論是城市，還是鄉村或集鎮，幾乎都有規模不等的茶館。特別是中國大陸改革開放以來，茶館業在全國各地興起，有世界飲茶文化發源地之稱的中國四川省府成都市，有茶館4000餘家，到男女老少無人不飲的地步，在京城北京和大都市上海，茶館也已超過千家；羊城廣州的茶樓遍及城市的每個角落，請吃早茶是同事之間經常發生的事情；有茶都之稱的浙江杭州，地方不大，人口不多，卻有茶館800餘家，遍及大街小巷和西湖各處景點。
	地方特色	在杭州的少年宮、南山路、曙光路一帶，茶館真是鱗次櫛比，形成茶館一條街的文化景觀。在西湖之濱盛產龍井茶的龍井村和梅家塢，家家都開設農家茶館用來招待慕名來訪的眾多遊客，名茶之鄉成為旅遊勝地，製茶村也為成茶館村。
施茶會	慈善活動	施茶會，也稱茶會，它主要流行於中國江南農村，大多是民間慈善舉辦所為。通常由地方上樂善好施或熱心於公益事業的人士自願舉辦，或由民間共同集資，在過往行人較多的地方，或在大道半途設立涼亭，或建起茶棚，公推專人管理，燒水泡茶，供行人免費歇腳取飲。這種慈善活動，在中國江南民間，舊時極為常見，體現舊時當地人樂善好施的民風。
	佛教茶庵	舊時中國，特別是江南一帶，茶庵很多，通常都建在大道旁，其實是做施茶或做供茶用的佛寺，這類佛寺以尼姑庵居多。暑日備茶，供路人歇腳解渴，是茶庵的主要任務之一，性質與茶亭基本相同，浙江江山萬福庵就是眾多茶庵之一。如今施茶會已不多見。但是大多數的飯館給食客喝茶是不收錢的，這一點基本上全國通行，即是在海外的很多中國餐廳，也是如此。

（6）茶畫藝術的表現題材

茶 畫 藝 術 的 表 現 題 材	
茶與四季	在中國傳統的繪畫中，春茶圖上配以春樹，體現出春光普照之下的人茶和諧畫面。夏茶圖上配以一枝孤蓮，在蓮與人的語境中，茶得到理性的昇華。秋茶圖上配以飄零的落葉，人在品茗之餘，頓感時光荏苒，慨嘆時光飛逝，映襯一幅茶畫人生的品味。冬茶圖上配以飛雪、白梅，畫旁一句「知我平生清苦癖，清愛梅花苦愛茶」的詩文，道出畫中品茗觀梅者的磊落胸懷。
茶與文人四藝（琴、棋、書、畫）	1. 古琴，做為文人高雅的書案清供，品格最為古雅，聲情最為清穆，最符合文人們的審美情趣，也最適宜品茶者的心境。「琴裡知聞唯淥水，茶中故舊是蒙山」（白居易），「夜思琴語切，畫情茶味新」（孟郊），這種琴茶聯詠，既可入書又可入畫。 2. 棋是古代文人閒居時必備的物品，棋茶相詠的詩句如：「幽香入茶灶，靜翠直棋局」（唐陳陶），「堂空響棋子，盞小聚茶香」（陸游）。 3. 至於中國的書畫，就更多了，即是在今天也非常盛行。
茶與友情	一杯清茗，拉近人與人之間的關係，沏一甌香茶與友人共品，是人間一大樂事。
茶與文人大隱們的逍遙生活	如歸隱、垂釣、閒睡、登高、讀書、清談、觀魚、觀月、策杖、觀鳥、訪友、消暑、玩壺等等。以茶養神，以茶悟道，以茶寄傲，以茶修德。茶與文人的歷史淵源是說不盡也道不完的，茶的靜、逸、清、儉、真等等秉性，深深影響著中國古代文人禪士們的文化生活，並深深植根於他們的思想和人生價值觀中。
茶與禪家	茶與禪有著特殊的因緣，也是茶畫藝術創作中的重中之重，茶境與禪境是相通相融的，在文人眼裡，茶在禪境中的表現是一個具有永恆意義的主題。那就是禪茶同味的大和心境。

茶與儒家	在此類作品中，大都以儒家名人的哲理警句來體現，再以書法配上茶壺、茶境等物品，給觀者以品茶論道的意境。
茶與道家	此類作品主要是突出茶文化與道家的「天人合一」思想，闡述一種無為、散淡，以及道仙鶴骨的超然境界。
著名茶人	最具代表性的人物是茶聖陸羽、茶僧皎然、亞聖盧仝、別茶人白居易，以及陸龜蒙、蘇軾、歐陽修、蔡襄、皮日休、陸游等中國歷史上的著名茶人。

3.酒文化策劃

　　中國有著悠久的釀酒歷史，據文獻考古資料顯示，早在七千年以前炎黃時代，中國就已發明酒，我們的祖先們關於釀酒的技術及飲用行為，成為我國飲食文化中的重要組成部分。

（1）酒與民俗節日內涵

　　自古以來，人們講究飲食與節令相結合，夏季清爽，冬令醇香，這非常符合人體的生理特點，在長期的生活過程中，形成具有濃郁民族特色的飲食習俗，而酒更是各種食俗中必不可少的飲食佳品，如元月元旦屠龍酒、三月清明悼念酒、五月端午菖蒲酒、八月中秋團圓酒、九九重陽菊花酒、臘月除夕聚歡酒。在這裡，以九九重陽菊花酒為例，探討一下其大致情形。

重　陽　節　飲　酒　習　俗　的　淵　源　與　發　展	
源自於華夏遠古文化	農曆九月九日，是東亞儒家文化國家的傳統節日 ──「重陽節」，在古代又稱做「重九節」、「茱萸節」。《易經》將九定為陽數，兩九相重為「重九」，兩陽相重為「重陽」，從文獻資料看，重陽節可能在遠古時期便已經出現。
漢朝的發展	到漢朝，形成重陽節飲菊花酒的風俗。據葛洪《西京雜記》卷三記載，漢高祖劉邦的寵妃戚夫人有一名賈佩蘭的侍兒，她每到九月九日這一天，總是要佩戴風味濃郁的茱萸，飲上幾口菊花酒。而梁人吳均在《續齊諧記》中更是記載一個頗富傳奇趣味的故事。
宋朝的發展	漢朝以後，重陽登高飲酒之風逐漸成為民間的一種風尚；至魏晉時期，重陽節又被賦予「長壽」主題，宋朝，人們將「避邪」和「長壽」這兩個主題結合在一起。
現代的發展	到現代，重陽登高飲酒的習俗又被人們賦予新的含義。全家人野外郊遊，登高遠足，則取步步高升也。
世界華人的共同節日	隨著華人流向世界各地，重陽節也被帶到全世界，不僅華人參與其活動，也帶動其他民族參與其中。
在日本和韓國的發展	因歷史文化的淵源，日本和韓國承襲很多中國古代文化習俗，至今很多習俗還很盛行，甚至超過發源地的中國本土。

（2）文人筆下的詩酒流芳

對酒當歌，人生幾何。李白無酒不成詩，酒與詩在古人眼裡，就好比是孿生兄弟，早就結下不解之緣。在中國最早的一部詩歌總集──《詩經》中，我們就已經能從中聞到濃列的酒香了。

詩 酒 流 芳	
祭祖之用	飲酒是人生樂事，但由於受到古代低效率的生產力制約，釀酒並不是一件容易的事。古人重視祭祀，所以生產一點酒，一定會想到自己的祖先，充作祭祖之用： 清酒既載，（騂）牡既備。 以享以祀，以介景福。 <div align="right">——《大雅·旱麓》</div>
飲酒遊戲	一群人邊飲酒邊做遊戲，這是宮廷宴會最為常見的娛樂方式。《行葦》中對此類遊戲多有描述： 敦弓既堅，四（金侯）既鈞。 捨矢既均，序賓以賢。 勝負既定，歡呼聲起，於是以大鬥酌酒，互相碰杯，祈禱福祿。
對飲之樂	酒是好東西，除了祭祀使用之外，就是招待貴客，中華民族有好客的傳統，「有朋自遠方來，不亦樂乎」，自然要以美酒款待： 我有旨酒，嘉賓式燕以敖…… 我有旨酒，以燕樂嘉賓之心。 <div align="right">——《小雅·鹿鳴》</div>
抒發情懷	漢末，中國天下動亂，戰爭不斷，此時人們生命低賤如草芥，戰爭中人口大量死亡。曹操身懷雄才大略，他一心希望能夠平定地方割據勢力，統一破碎河山，使天下重歸太平，於是抒發情懷： 對酒當歌，人生幾何？ 譬如朝露，去日苦多…… <div align="right">——曹操《短歌行》</div>

4.書畫策劃方法概覽

　　書畫策劃的學問非常高深，一幅書畫作品，其價值要獲得人們的認可，還須有待進入市場後，透過書畫愛好者和藝術界同行們的認可。對此，有以下可成功進入市場的方法。

（1）書畫策劃法

對於書畫策劃，根據一些名作的出世和一些成功的書畫策劃案例，總結出一些的看法：

書 畫 策 劃 法	
適時而生	書畫作品，要成為名作，造成一定的轟動影響，根本上是要作者有深厚的功底，而這深厚藝術功底的體現，則是透過適應當時環境的作品來表現出來。正所謂識時務者為俊傑。
逆勢而出	逆勢而出，關鍵在於求新。當人們面對的某種事物或現象頻繁出現時，就要注意創新，用現在的話說，叫「視覺疲勞」，見得多，就沒有吸引力，因此要不斷創新，不要在熱門裡面跟風，而要在冷門中找新意，這就叫逆勢而出，這樣才能有大的成就。
開派創作	歷來只要是某派某門的創始人，那麼，其作品肯定價值不菲。於是，這就給我們提供一條思路，作品應在融百家之長後創出自己的風格，自立門戶，以獨特的個性見長，進而在書畫界站有一席之地。書畫家在博採眾家之長後，找出自己的一片天地，以此為著眼點，努力發展，終創一派一門。
依附名派	並不是每個人都有能力獨創門派，都能在博採眾家之長後有所專攻，有所體會，最終融為一體。多數書畫家由於各種原因，要嘛雜而不精，要嘛精而不廣，要嘛無自己的新看法。此時，最好專攻一門一派，力求精深，而仗此門此派在書畫界的地位為自己博得一席之地。

（2）書畫市場進入策劃

身為藝術家，僅僅做好上面幾點還是不夠的。一幅書畫作品，其價值要獲得人們的認可，還須有待進入市場後，透過書畫愛好者和藝術界同行們的認可。對此，有以下可成功進入市場的方法。

A、組合得體

　　針對書畫市場上琳瑯滿目的作品，人們很難挑出精品，若單一挑選，既費時又耗財甚多，因此，搞個人作品整體策劃，則又會是另外一種情形。

　　書畫作品組合策略大多在展覽會、綜合性選集上體現，下面具體分析：

　　在展覽會上的書畫作品組合，可採用：個人不同作品組合、多人同類作品組合、多人異類作品組合、個人單一風格不同時期作品組合四種策略。

展 覽 會 上 的 書 畫 作 品 組 合 策 略	
個人不同作品組合	個人不同作品組合策略，通常適合於創作多年，有較大知名度的作者。這類書畫家通常在各種風格上都進行過嘗試，且所做字畫涉及範圍很廣，有多種風格的字畫作品。
多人同類作品組合	多人同類作品組合策略，是指在同一種類或風格的題材上有一些書畫家同時進行創作，而把這些作品聚集起來舉辦的書畫展。這類展出往往針對性強，對某一門類的優秀作品進行突出展示，代表這一門類當時的高層藝術境界。
多人異類作品組合	多人異類作品組合策略，是指由於某種需要，同時將不同書畫家的不同題材、風格作品進行展示。這類展出往往是為了紀念某件大事或為了紀念節日而舉行的，或者是用藝術村的形式長期展出，如：東海大學旁藝術村社區，北京798和上海「外灘三號」均是。
個人單一風格作品展示	個人單一風格作品展示策略，是指作者將其不同時期或不同題材而同一風格的書畫作品進行集中展示的一種策略。

B、獨特創意

此處所指的創意獨特，是指進行書畫文化策劃時的活動創意較為獨特，與書畫創作者本人關係不是特別緊密。

要尋求獨特的創意，就需要針對書畫作品的內容進行通盤策劃，走怪招，以奇兵而制勝於市場。

獨　特　創　意	
特色包裝	首先，對書畫作品的作者進行一番包裝，抓住其某一獨特點，進行藝術的誇大。如有的書法家在創作之前，必先喝得爛醉如泥，揮筆而就，一氣呵成。此時，可抓住此點冠以酒界王羲之等古怪稱號，以吸引觀眾的興趣。
全程策劃	其次，對策劃全過程以廣告策劃的方式，聘請知名人士或專業策劃公司進行專業策劃，力求以最具創意的製作贏得觀眾的興趣。此點由於是專業公司的事，在此不贅言。

C、媒體運用

書畫藝術，是一種高品位的展現。由於其特殊性，在進行商業運作時最好以較高品位的方式進行，避免將其庸俗化，而欲取得這樣的效果，充分利用各大媒體進行報導不失為一大妙法。

其次，針對具體情況，選擇適合的媒體進行公關宣傳。

選 擇 媒 體	
電視媒體	對電視媒體，出於觀眾層次不一，且成本太高，因此若非大型活動，通常不選擇此媒體做為廣告媒體。
報紙	對報紙，則可選擇一份當地發行量大的報紙和一家書畫或藝術類的報紙進行公關宣傳。在宣傳方法上，應以客觀準確的新聞稿形式進行，最好是能吸引一部分記者，讓他們以記者身分進行客觀報導，這樣才能既保持其可信度，又大大地保持其高品位的藝術性。
廣播	對廣播，則須在經過調查後，確認出書畫藝術愛好者的收聽集中時段。在此時段，進行一些與本次活動相關的書畫知識普及，然後開通熱線，進行溝通，讓哪些書畫愛好者瞭解此項活動，並積極地參與。
網路	上網已經成為年輕一代的生活方式，因此，選擇網路是針對青年讀者群進行宣傳的最佳途徑，尤其是年輕人喜歡去的熱門網站，還可以透過BBS發帖來直接介紹書畫的內容。

D、名人效應

書畫作品在進入市場時，名人效應非常重要，同樣一幅作品，若是被某名家特別推薦或曾被某名人收藏過，那麼其價值將會是另外一種情況。前面所介紹的方法，已或多或少地對此問題有所涉及，在此，做一系統的歸納總結。如下：

名 人 效 應 策 劃	
拜送著名藝術家評價	若確實有較高的藝術水準，那麼這些藝術家是會樂意說幾句讚美之辭，同時會很樂意向書畫界同仁推薦的，這比任何一種廣告都更為有效。況且，即使不能獲得讚美，聽到幾句中肯之詞，對以後書畫水準的提高也是很有幫助的。

邀請名流前來觀賞	此處的名流既指書畫界的大藝術家，也指社會名流和政界要人，透過他們的影響來充分擴大此次活動和作者本人的影響。
與有名的書畫家同台展出或同輯成冊	可以憑藉人們對這些名家的喜愛，而對自己的作品有所關注，進而喜歡上它。但是，若自己水準太低，則不宜這麼做，否則易被人恥笑，收到負面的效果。
與著名藝術家在公開媒體上進行理論探討	一則可以明確創作方向，為自己的創作澄清許多問題；二則可以藉與名家的探討，進一步提高自己的知名度，進而為以後的書畫文化活動的成功運作創造有利條件。
利用祖上或老師的名氣進行書畫展示活動	由於人們對自己的祖上某位名家懷有敬意，或是對自己的老師懷有好感，此時若打出是「×××後代書畫作品展」或「×××得意弟子書畫作品展」，一定能收到很好的效果。

第十二章　咖啡文化策劃

　　咖啡是世界三大飲品之一，也是西方社會最主要的飲品，全世界有種植、加工咖啡豆的國家有50多個，生產3000多個種類的咖啡，全球咖啡年消費量高達700多萬噸，是除了石油之外的世界第二大國際貿易商品。

1.咖啡文化的消費種類

咖 啡 文 化 的 消 費 種 類	
從成品形態上劃分	1. 成品分： ① 即溶咖啡：滿足現代人的快速生活節奏，形態為粉末狀，以袋裝和罐裝為主。 ② 煮豆咖啡：原生態的豆狀咖啡，需要專門的器具來煮。屬於早期的咖啡飲用方式和現代咖啡愛好者們的休閒飲用方式。 2. 形態分： ① 液態咖啡。已經沖泡好的、可以直接飲用的「速飲」咖啡。 ② 混合咖啡。把咖啡與其他物質混合食用的咖啡產品。如：咖啡奶糖、咖啡巧克力等。
從消費場所上劃分	1. 家庭休閒：屬於家庭休閒與待客的咖啡飲品，用於增添生活情趣。 2. 辦公飲料：辦公場所為員工提供的工作咖啡，有助於提高員工的工作效率。 3. 餐飲娛樂場所：有助於提升娛樂興奮度。 4. 咖啡館：是比較專業的咖啡飲用場所，大多用於朋友聚會、商務洽談、時尚休閒等。

2.咖啡產業的專業劃分

咖 啡 產 業 的 專 業 劃 分	
咖啡種植業	主要分佈於熱帶地區，咖啡的主要生產國有巴西（佔 34%）、越南（佔 13%）、哥倫比亞（佔 9.4%）、印尼（佔 5%），最富盛名的咖啡產地是南美的巴西，也是世界上種植咖啡和出口咖啡最多的國家。
咖啡加工業	主要分佈於工業化國家和一些發展中國家，主要是把咖啡豆加工成直接消費品提供給消費者。
咖啡貿易	從事跨國或跨地區大量的咖啡交易。
咖啡零售業	商場、超市、社區小店等。
咖啡飲用服務業	咖啡館：飲用咖啡的專業場館。 餐飲娛樂場所：配套消費咖啡的場所。

3. 世界咖啡市場前景分析

世 界 咖 啡 市 場 前 景 分 析	
產量與產值	全球咖啡年產量約 600 至 700 萬噸之間。以2006年國際咖啡舉辦頒佈的指導價格計算，全球咖啡每年貿易總額約有700多億美元，而根據義大利的官方資料分析，國際咖啡產品的零售總額約為1500億美元。
產業增長	全球咖啡消費量大約以每年1.5%的速度增長，而烘焙咖啡的增長速度更高，達到8%。根據國際咖啡舉辦的報告，2006年的咖啡總產量比 2005有所增加，消費量增加1%。
咖啡期貨交易	咖啡是世界重要的貿易產品，和其他貿易產品一樣，咖啡豆在紐約 （CSCE）和倫敦 （LIFFE）兩個期貨市場進行著大筆的交易。

全球咖啡文化的發展趨勢	近三百多年來，伴隨著近代西方強國殖民主義的擴張，和現代全球化局勢下西方強勢文化的擴展，咖啡已經普及到世界的各個角落，為世人所追捧，咖啡消費已逐步形成發達國家的社會時尚主流，逐漸形成和影響著世界飲料文化圈。
在發展中國家的消費增長趨勢	從世界經濟文化發展規律來看，發展中國家總是追隨發達國家的生活水準和時尚文化，隨著全球經濟一體化的進一步發展，體現發達國家商業文化和時尚文化的咖啡文化也將越來越多的擴展到發展中國家。

4. 世界上最著名的咖啡店（連鎖）

世界最著名的咖啡店（連鎖）	
星巴克（Starbucks）	1. 星巴克咖啡於1971年創辦於美國，具有濃郁的北美州的自然情調。 2. 星巴克咖啡的味道特點：品質濃厚、口味獨特、氣味芳香。其連鎖店遍及全球，已成為白領階層的青年文化消費時尚。
羅多倫（Doutor）	1962年創建於日本，擁有1222家連鎖店，主要顧客是日本的中老年人。它價位很低，環境樸素，店裡也允許顧客吸煙。
沏寶（Tchibo）	1949年創建於德國。總部設在德國的沏寶，號稱全球第五大咖啡銷售商。沏寶在賣咖啡的同時，還銷售各種消費品。
其他名店	戴奇（Diedrich，美國）、第二杯（Second Cup，加拿大）、瑟滴（Segafredo Ianetti，義大利）、科斯塔（Costa，英國）、麥咖啡（麥當勞McCafe，美國）等。

5. 西方世界的咖啡文化

　　咖啡文化是西方和阿拉伯世界的傳統飲食文化，這裡介紹的主要也是他們的咖啡文化。

西 方 世 界 的 咖 啡 文 化	
美國	特點：喝得無拘無束。 1. 喝得自由灑脫。 　美國人喝咖啡，體現的依然是美國人的自由性格和無拘無束的生活作風，可謂「隨性放任，百無禁忌」，全然沒有了喝咖啡的各種規矩。歐洲人沖調咖啡時和喝咖啡有種種規矩和講究，美國人則對此不屑一顧。 2. 喝得日常、喝得海量。 　日常：咖啡已經融入美國人生活的每一個部分，不論在家裡、辦公室，或是在公共場合，還是路邊自動販賣機，美國人幾乎一天到晚都離不開咖啡。 　海量：美國人喝掉了全球咖啡總生產量的三分之一，把咖啡當水喝。 3. 由於注重健康。近年來日益重視飲食健康，市場上無咖啡因（Coffeeineless Coffee）的咖啡銷路漸增，而且喝咖啡不加糖的風氣也越來越普遍。
義大利	特點：喝得熱情洋溢。 1. 男人如咖啡。 　在義大利，咖啡如男人，咖啡如男人，義大利人有一句民間諺語：「好男人要像好咖啡，既要熱情又要強勁！」 2. 純黑咖啡： 　義大利的Espresso咖啡，又濃又香，表面浮著一層金黃泡沫，下面是純黑的濃咖啡，味道強勁。 3. 喝得快、喝得勤。 　義大利咖啡的特色就是一個快字；做得比較快，通常不超過10秒鐘，喝得也非常快，只需兩三口就喝完，這和阿拉伯人慢條斯理的喝法截然不同。 4. 每天喝上二十杯。 　義大利人從早晨起床就開始喝咖啡，平均一天要喝上二十杯左右。

土耳其	特點：喝得慢條斯理。 1. 古老的喝咖啡習俗。 　十六世紀，咖啡正式傳入土耳其王國，並且開始商業化，然後又隨著土耳其帝國的軍事擴展而迅速傳至歐洲大陸。土耳其人喝咖啡有一種宗教儀式般的神秘感。 2. 做法獨特。 　土耳其人的傳統做法： ① 把咖啡豆烘培熱炒到濃黑。 ② 再把炒好的咖啡豆磨成細粉。 ③ 加上糖和水放入銅質的咖啡煮貝裡（IBRIK）以小火慢煮。 ④ 反覆攪拌和加水煮20分鐘。 ⑤ 煮到50cc以小杯濃咖啡出鍋。 3. 待客講究。 　在中東地區，受朋友邀請到家裡喝咖啡，是主人誠摯的尊敬之意，因此客人一定要稱讚主人的咖啡，還要切記，即使喝得滿嘴渣滓也不能喝水漱口，因為喝水暗示咖啡難喝，主人會不悅。 4. 喝咖啡之道： 　阿拉伯地區的人喝咖啡，就像他們的生活一樣，慢條斯理，就像東亞人講茶道一樣，它們講的是「咖啡道」，喝咖啡時很講究，要焚香、撒香料、聞香，還有各具特色的精緻壺具，充滿天方夜譚式的神秘風情。
中北歐	特點：喝得溫和理智。 1. 中、北歐國家的人喝咖啡，正像理性而溫和的民族性一樣，喝得理智又溫和，咖啡的濃度和口味也比較適中。 2. 近幾年來，北歐四國的人平均咖啡飲用量，一直名列全球前茅，每人每年約1000杯以上，足見他們對咖啡的鍾愛程度。

第十三章　旅遊經濟的文化策劃

　　旅遊的內容包括旅行和遊覽兩項行為。對於旅遊權威定義，我們可以根據由旅遊科學專家國家聯合會透過的「艾斯特」定義解釋為：非定居者的旅行和暫時居留，因此而引起的現象和關係的總和。具體可解釋為：個人或群體從自己的居住地動身到異地去進行吃、住、行、觀、玩、購等活動，來獲取物質與精神上的雙重滿足。

1. 旅遊經濟與文化

　　相較旅遊實現的社會功能而言，我們更側重於它的經濟功能。旅遊經濟依託各種社會有形資源和無形資源實現發展，文化屬於無形資源，文化在旅遊經濟中發揮著主導作用。

（1）旅遊與文化

　　旅遊與文化是相伴而生的，旅遊是方法和工具，文化是目的；旅遊創造文化，文化昇華旅遊。

旅 遊 與 文 化 的 關 係 特 徵
1. 參照通行意義上的文化定義來解釋，文化旅遊就是人類社會透過旅遊活動所創造物質和精神財富的總和。包括旅遊意識和行為以及精神產品、旅遊經濟及其效益。
2. 文化旅遊是一門綜合學科，範圍廣，內涵深，涉及到多種相關學科和行業。
3. 旅遊本身就是一項文化活動，古今中外沒有例外。文化是旅遊的支柱和精髓。在旅遊過程中，食、住、行、遊、購、娛等活動，所接觸的諸多事物，大都與文化有關。
4. 歷史古蹟中的人文景觀，是人類社會的文化遺產，對人類社會彌足珍貴，即便是單純的自然景觀，也和地理學、生物學以及美學等學科有著密切關聯。

文化旅遊涉及面很廣闊，幾乎囊括社會文化、自然生態文化的所有方面。有人說：「文化是旅遊的靈魂。」，「沒有靈魂的旅遊，等於魂不附體，一定會走上邪路。」，此話不無道理。

（2）文化旅遊的特徵及策劃

　　文化旅遊是一種多元綜合文化，在發展成熟過程中，文化旅遊逐漸形成其獨有的特性，這就是地域性、新奇性和繼承性。文化旅遊的這些特性，也正是文化旅遊策劃的立意之所在和所因循的原則。

　　廣義的文化旅遊指行旅者在旅遊所經歷歷史文化遺產和人文景觀尋求和參與全新或更深文化體驗，透過載體傳媒和表達模式基礎上的一種特別興趣或主題式旅遊；行旅者對旅遊所在地的文物、歷史、建築藝術、風俗、語言、宗教、景觀的學習探知過程。

文 化 旅 遊 的 特 徵 及 策 劃	
地域性 （Regionalism）	不同空間的文化旅遊，由於主體的差異性，其特點往往風馬牛不相及。它們各自的內在價值是無法代替的。因此我們要「因地制宜」地挖掘各地域的文化旅遊資料，釋放其文化潛能。
新奇性 （Novelty）	旅遊之富有魅力，就在於旅遊過程中。追尋聞所未聞、見所未見的事物，是人類與生俱來的本性。可以這樣說，追求新奇永遠是旅遊者的精神動力。而任何一種文化旅遊，如果失去自己的新奇性，它的生命力也就終止了。
繼承性 （Inheritance）	想要在國際旅遊市場競爭中立於不敗之地，想要把旅遊事業發展與國民精神文明建設結合起來，很重要的一環，就是要從深層挖掘文化旅遊的傳統，繼承優良傳統，拋棄不良傳統。

2. 生態旅遊產業的文化策劃

進入21世紀，亞洲各國旅遊業發展速度較快。但是，目前的生態旅遊還有欠缺，在生態旅遊日益受到各國普遍關注的今天，發展生態旅遊勢在必行。透過對國際生態旅遊市場特徵的分析，我們建議在生態旅遊的策劃舉辦時應注意以下幾點：

對 亞 洲 生 態 旅 遊 的 建 議	
順應國際生態旅遊市場發展潮流，發展國際生態旅遊	生態旅遊已不是少數旅遊者特有的專項旅遊活動形式，而是一種逐漸被主流市場接受並歡迎的大眾旅遊形式。發展國際生態旅遊應採取以下措施： 1. 必須把生態旅遊的問題提升到戰略高度上，透過積極的宣傳，加大國際影響力。 2. 全面普查、評量生態旅遊資源，堅持按「合理佈局，重點開發」的戰略原則科學地規劃生態旅遊的發展藍圖。 3. 精心打造具有國際知名度的生態旅遊精品，樹立起自身的國際地位。
以發展國際生態旅遊為契機，提高國際旅遊業的創匯能力	目前亞洲國際旅遊業主要以觀光旅遊為主。觀光旅遊還只是旅遊活動的基礎層次，旅遊者缺乏積極的參與性，行程較短，旅遊消費不高，創匯能力偏低。如果試圖改變這種狀況，就必須要提升旅遊活動的層次。生態旅遊較之通常旅遊形式，創匯能力更強，這是由於參與生態旅遊者普遍逗留期長，消費高，旅遊季節分佈相對較為平均。
加強生態旅遊資源開發利用中的保護與管理	要加強對生態旅遊資源開發和保護的管理，保障生態旅遊的永續經營。 1. 積極妥當地協調各方的經濟收益，處理資源開發與保護之間的矛盾。 2. 運用科技方法，即時監測評估生態旅遊區環境資源的承受能力，科學地展開保護和管理工作。 3. 加大力度進行環保宣傳，宣導生態旅遊者和生態資源開發者自覺地參與生態旅遊資源保護的工作。 4. 加強法制監管，制訂和完善與環保相關的各項法律法規，依法對生態旅遊資源進行保護。

	加大生態旅遊新產品的研發，根據國際市場的需要，推出適銷產品。
推出適銷對路的生態旅遊產品	1. 緊跟國際生態旅遊的流行趨勢，區隔國際生態旅遊市場。 2. 根據本國生態旅遊資源的特色，確定生態旅遊的目標市場。 3. 設計出高品質的生態旅遊產品，有目標、有重點地進行宣傳、促銷，向國際市場推出有本國特色的生態旅遊產品。 4. 以生態旅遊為中心，擴及周邊產業；發揮生態旅遊的連動效應。

3. 民俗文化的旅遊策劃

民俗文化，又稱民俗（Folklore）。它是一個民族世代傳承下來的大眾的民間文化，具有旺盛的生命力和誘惑力。民俗文化旅遊策劃是運用創造性思維，整合民俗文化旅遊資源、地理環境、交通與市場的組合，實現民俗文化旅遊業發展目標創造過程。

其基本任務是針對明確而具體的目標，形成景區獨特的遊憩方式、產品內容、主題品牌、商業模式，進而形成獨特的旅遊產品，或全面提升和延續老旅遊產品的生命力，或建構有效的行銷促銷方案，並促使旅遊地在近期內獲得良好的經濟效益和社會效益。文化旅遊項目策劃的核心任務是透過對當地的文化資源旅遊潛力進行評估，對文化旅遊特色予以發掘整合，以創造出充分體現其獨特的內涵與功能的文化旅遊產品。

（1）世界旅遊發達國家和地區民俗文化旅遊的策劃

在世界旅遊發達的國家和地區，民俗旅遊是一個絕對的王牌，許多成功的民俗文化旅遊策劃模式和案例也是值得我們關注的。

世 界 旅 遊 發 達 國 家 和 地 區 民 俗 文 化 旅 遊 的 策 劃	
充分利用富有民族特色的現成建築和設施	索爾文是美國加利福尼亞州聖巴巴拉郡的一個小鎮，在聖巴巴拉城區西北45公里處，常住居民4800多人，其中丹麥後裔佔三分之二，絕大多數從事旅遊業。他們充分利用其富有民族特色的現成建築和設施，進行各式各樣的策劃。
建立獨特的民俗和文化村	例如斐濟的古代文化村。這裡有古代的街市，街道兩旁內景及建築都與維多利亞女王時代第一批歐洲移民抵達斐濟時的景色完全一樣。
舉辦各項獨特的民俗文化活動	在日本全國各地，每年都有固定的日期展開各項民間活動，在節日祭典上，人們載歌載舞，內容豐富多彩。蘇澳白米社區木屐村的營造、台南白河的蓮花節也是著名案例。

（2）民俗文化旅遊策劃要點

總結前面的內容，我們可以找出民俗文化旅遊策劃的一些要點，大致如下：

民 俗 文 化 旅 遊 策 劃 要 點
1. 展開極具特色的民俗旅遊活動項目。 2. 興建富有特色的民俗區和文化村。 3. 展開各式各樣的民俗文化活動。 4. 參觀和觀摩民間工藝品生產。 5. 各民族的民俗風情可以貫穿在旅遊的食、住、行、遊、購、娛六大要素中。

4. 旅遊城市的形象策劃

　　為了加強旅遊業精神义明建設，提升城市的現代化旅遊功能和旅遊產業素質，改善城市旅遊業的生存和發展現狀，確保城市旅遊業的良性發展，必須要堅持旅遊開發和城市建設同步一體化的策劃思想。

旅 遊 城 市 形 象 策 劃	
實施硬體建設的一體化	城市硬體建設方面，要深化旅遊、園林和環境意識，打造良好的外部义化空間。強調城市規劃佈局園林化與立體建築的環境協調性，對城市標識系統進行規範化與藝術化改造，使旅遊開發與城市硬體建設協同發展。
軟體配套	軟體配套方面，要逐步完善管理系統，使其更加科學、系統和高效。
實施形象工程	一個旅遊城市想要在旅遊市場中獲得更大的發展前景，就必須樹立良好的自身形象。而打造城市旅遊形象則是一項需要全社會共同參與的系統工程，需要全社會的共同努力。
制訂旅遊與城市共同可持續發展對策	要打造旅遊與城市經濟建設共同可持續發展的良性機制，不能單純孤立地一味發展旅遊，必須同時打造可持續發展的區域經濟和旅遊大環境。
全體市民的自覺意識	一座城市的形象，絕不僅僅是城市的建築外觀和政策措施，更重要的是市民的精神風貌。市民們健康向上的精神面貌，良好的衛生習慣，以及文明禮貌用語和待客之道，都是提升城市旅遊文化環境的重要內容。

5. 世界文化遺產的管理策劃

世界遺產是人類共同繼承的，具有「突出意義和普遍價值」的文化和自然資源，是人類共同擁有的寶貴財富，具有很高的歷史、藝術和科學價值。

（1）世界文化遺產的概念

聯合國《世界遺產公約》第一條規定「世界文化遺產」的定義為：

世 界 文 化 遺 產 的 定 義	
文物	從歷史、藝術或科學角度來看，具有突出的普遍價值的建築物、碑雕和碑畫，以及具有考古性質的成分或結構的銘文、窟洞等。
建築群	從歷史、藝術或科學角度看，在建式樣、分佈均勻或環境景色結合方面具有突出的普遍價值的單位或連接的建築群。
遺址	從歷史、審美或人類學角度看，具有突出普遍價值的人類工程或自然與人類智慧聯合的工程，以及考古原址等。

（2）世界文化遺產的特徵

從美學和科學的角度看，世界文化遺產主要有以下五個特徵：

世 界 文 化 遺 產 的 特 徵	
高價值性	具有很高的觀賞、科學、歷史價值；譬如：古代遺址。
不可再生性	文化遺產是歷史遺留下來的最為寶貴的財富、精華。它們是在特殊歷史條件下伴隨歷史發展而生成的。古代環境不會重複出現，具有不可再生性。
真實完整性	必須是科學論證的具有歷史真實性的文化，認為編造的不能成為世界文化遺產。

獨特性	世界文化遺產通常都是世界上獨一無二的；譬如：長城、金字塔等。
公共性	人類擁有共同的祖先，世界文化遺產是屬於全人類所共有的。

（3）世界文化遺產的管理理念

世界文化遺產的管理理念	
整體意識	任何世界文化遺產都不是孤立的，是歷史系統文化的組成部分，必須有整體綜合的管理意識。
保護意識	保護是文化遺產永恆的主題，它是古代人類的財富，也是今天人類的財富，更是未來人類的財富，只有更好的保護才能更好的留存，讓子孫後代永遠繼承下去。
可持續發展意識	世界文化遺產是具有唯一性和不可再生性，因此，必須有可持續發展的意識去開發利用。
綠色管理意識	歷史文化並存於當今的社會環境之中，與社會和自然形成互相依存的整體，只有重視綠色管理，才能更好的保護和利用文化遺產為社會創造財富。
科學管理意識	保護文化遺產是一項技術性很強的工作，錯誤的不止確的管理措施會導致文化遺產遭到破壞，必須有科學的管理意識去開發利用和保護。

6. 主題公園的旅遊策劃

主題公園（them park）是從上世紀40～50年代開始興起的新型旅遊形態，它是旅遊業發展到一定階段的產物。主題公園強調的是「人造的」娛樂性、趣味性文化，這是與其他強調「自然性」的公園最大的區別。

（1）主題公園的發展歷程

主 題 公 園 的 發 展 歷 程	
小人國	人類最早的主題公園是1946年荷蘭（Netherlands）馬都絡（Madoluo）夫婦為了紀念愛子興建的「小人國」，在象牙海岸（Ivory Coast）按照1：25的比例建設的微縮景區「馬都洛丹」（Madoluodan）。
狄斯奈樂園	一個真正具有現代意義上的主題公園，是迪士尼在1955年於美國加州建立的狄斯奈（Disney）樂園。迪士尼把卡通電影中的童話世界搬到現實世界上，讓更多的兒童們獲得歡樂。之後還把這一模式的主題公園連鎖到世界各地，成為世界上發展規模最大、接待遊客最多的狄斯奈世界。
歐洲國家的主題公園	歐洲有眾多的主題公園： 1. 英國的主題公園「奧頓塔公園」（ordonta park）年接待遊客兩百多萬人次。 2. 西班牙（Spain）的主題公園規模較小，以水上公園為主。 3. 荷蘭（Holland）的主題公園以動物為主題。 4. 法國的主題公園是巴黎狄斯奈樂園。
亞洲地區的主題公園	1. 日本的主題公園是東京狄斯奈樂園。 2. 香港有香港影視城主題公園和香港狄斯奈樂園。 3. 泰國主題公園是泰國版圖的微縮景觀。 4. 北京主題公園是「世界公園」，紅樓夢《大觀園》主題公園。 5. 深圳的「錦繡中華」、「世界之窗」、「中國民俗文化村」等主題公園。 6. 上海狄斯奈樂園正在建設之中，2010年開園。 7. 昆明「世博園」是中國規模最大的主題公園。 8. 澳大利亞人「夢幻世界」（dream word）主題公園，年接待一百多萬遊客。 臺灣各主題公園規模不夠大，不列入。
非洲的主題公園	非洲的主題公園大都是以熱帶原始動物和非洲古文化為主題，如肯亞及南非均是。

（2）主題公園的行銷策劃

主 題 公 園 的 行 銷 策 劃	
行銷方式	1. 直接行銷（節目單、VCD等）。 2. 廣告行銷（報紙、電視媒體等）。 3. 電視節目行銷（與電視台合作錄製公園場景的電視娛樂節目）。
主題活動行銷	1. 戶外表演性行銷（戶外搭台表演宣傳）。 2. 節慶活動行銷（利用節慶日做表演和宣傳）。 3. 合作交流行銷（與其他旅遊舉辦合作宣傳）。
網路行銷	透過建立網站全面詳細的介紹主題公園的娛樂文化項目和服務設施等。
品牌行銷	情調主題公園的主題埋念，打造自身的品牌形象。

（3）主題公園的經營創新策劃

主 題 公 園 的 經 營 創 新 策 劃	
經營思路的創新與發展	1. 由主題模仿向主題創新轉變。 2. 由側重娛樂到教育與娛樂並重。 3. 由分散經營到品牌經營轉變。 4. 由單一主題向多項主題轉變。 5. 由單一領域向多領域轉變。
經營策略的創新與調整	1. 面向短期渡假市場。 2. 增加遊客的參與活動。 3. 主題公園與零售業相結合。 4. 價格策略的多元化。 5. 普遍應用高科技。 6. 體現時代時尚和精神。

第十四章　公法人／公益團體文化策劃

做為文化策劃，尤其是國家、城市和公益團體的文化，是提升其形象價值的重要途徑，因此，也越來越多受到政府的重視。因為文化策劃是一個國家、城市以及團體充分展示自己和提升自身形象和價值的重要方法。

在美國，歷屆總統都從事「美國之夢」（American Dream），激勵一代又一代美國人民，終至獨立，至國強，至霸主，乃至到欲以其價值觀統一全球。軍事、經濟、外交、政治，全面推行霸主策略，美國企業在世界上成為世界級的「國有企業」，誰也撼動不了！這一切成功的背後，都是文化策劃在起作用！

1. 世界（國際）型／洲際型／跨國型／全國性文化策劃

一個國家或是公益團體，想要在全世界獲得更多價值的認同，提升自身的國際形象段位，必須進行有針對性的文化策劃，策劃的成功對其在國際上的正面影響具有深遠意義，文化產業的融合發展有助於提高文化產業國際競爭力。

現今跨國文化產業集團：如美國線上 —— 時代華納、德國貝塔斯曼集團、日本新力公司、沃爾特 —— 迪士尼公司等成為世界文化產業生產的主宰，掌控全球文化產業發展的命脈，一些業務和文化經營方式普及到各地文化產業內眾多領域，具有舉足輕重的地位也影響到各地文化傳播。

臺灣缺乏這方面的條件運作，下面以中國大陸和美國為例，講述國家文化策劃在國際形象上產生的積極意義。

（1）中國大陸改革開放的國家文化策劃

一個國家面向國際的文化策劃是指一國的人員根據其基本情況，從政治、經濟、文體、外交等方面努力塑造出一種一致的整體文化形象，並將這種形象強有力地傳達給國內民眾和世界民眾。

A、大陸改革開放的國家文化策劃

中國大陸改革開放的成功，也是政府在國際形象上的文化策劃的成功，鄧小平時代的國家文化策劃，對改革開放的持續發展奠定基礎。

中國大陸以發展經濟為目標的國際形象策劃戰略	
樹立開放的國際形象	樹立國家改革開放的良好國際形象，以新的國家形象來改變西方人長期以來對中國大陸封閉自守的形象認知。
和平發展戰略	經濟發展需要和平的內外環境，國內政治穩定、安定團結，國際上提出和平友好五項外交原則，與他國平等的友好往來，建立和平的經濟發展環境。使外商資金進入大陸有安全感。
吸引外資戰略	國內的政治穩定、政策開放、對外資的優惠措施、廉價的勞動力，以及大市場的廣闊前景來吸引外商到大陸投資。
樹立開放型榜樣城市	建設深圳特區，為改革開放、引進外資樹立私有經濟模式的管理經驗，為外商投資建立信心和榜樣。
文化認同策劃	以文化認同為策劃的宣傳，首先在港、澳、臺華人地區吸引外商進入大陸投資開工廠，並以初步成效進一步吸引西方國家的投資。

B、改革開放的文化策劃特徵

關於中國大陸國家文化策劃，我們可以總結出以下幾點特徵：

中 國 大 陸 改 革 開 放 的 國 際 文 化 策 劃 特 徵	
國民良好的精神狀態	要發展一國實力，樹立良好的形象，首先是本國的人民要有自信心，有自豪感，勇於奮發，勇於進取，勇於圖強，對未來有信心。中國人的智力不比外國人差，要相信自己的能力。
走中國特色的社會道路	中國文化與西方文化截然不同，甚至在很多方面是對立和相反的，照搬西方的制度模式是行不通的，結合中國大陸的國情，走中國特色的社會模式才是出路。
經濟基礎是強國之本	經濟的強大是國家強大的根本基礎，一切有利於經濟發展的、符合國情的政策和制度模式，都是好的模式；不利於經濟發展的模式，無論理論上如何好聽，都不是符合本土需要的制度模式。
發展才是不變真理	擺脫無聊的理論爭論，以踏實的實幹精神來提高人民的生活水準，提高人民的對政府的滿意度。想要讓公眾配合國家形象建設，要把國家形象強而有力地傳達給公眾，沒有發展是不行的，發展才是不變真理！

（2）美國的國家文化策劃實例

美國無疑是20世紀最強大的國家。其發展經歷，以及在國際上成功的文化策劃都是值得學習和借鏡的。在此，我們力圖摒棄種種對美國的盲從心理和各種偏見，對其發展過程的國家形象策劃進行一個客觀分析。

美 國 在 各 個 不 同 歷 史 時 期 的 國 家 文 化 策 劃	
歷史時期	文 化 策 劃
被殖民時期	提出獨立要求，進而引導人民走向獨立解放，激勵人民為獨立的國家形象而奮鬥，與殖民者做不屈不撓的抗爭。
建國時期	宣揚自由、民主和人權，希望建立的國家形象是自由民主和有人權的資本主義國家，正是這個策劃，帶領著美國人民為奔向繁榮而努力。
「西進」時期	提出擴張領土、稱雄美洲、超越歐洲，進而進行西進南擴，展開工業革命，引導美利堅人民走向富強，為其大國形象而努力。
兩次世界大戰期間	提出擴展海外利益，以其有利的地理位置和國際背景，工業騰飛，經濟迅速發展，並開始向海外擴充，奏響了超越美洲，挺進歐亞的號角，企圖確立其經濟霸主的形象，在世界上控制全球經濟。
「冷戰」時期	提出遏制共產主義口號，以西方盟主的國際地位，透過建立同盟關係，廣泛參與國際事務，佈局全球爭霸策略，提出各種擴張主義、利益主義，樹立世界第一強國的霸主形象。
「冷戰」後期	提出維護領導世界的新地位，迎接世界新挑戰；提出「反恐戰略」，扮演「領導世界」的領袖角色和維護世界新秩序的世界員警角色，並成功入侵和掌控國際油庫 —— 伊拉克的石油資源。

China imperial palace

（3）全國性文化策劃的戰略思維

在進行全國性形象設計時，應著力貫徹如下戰略思維：

全 國 性 文 化 策 劃 的 戰 略 思 維	
以人為本	推崇人力資本和人力投資的思想，以人為本，喚起廣大民眾對國家形象的新覺醒並繼而推動人們去達到這樣的信念：國家形象就是我的形象，我應當竭盡全力去達到它。
精神與物質文明並重	以物質文明為基礎，以精神文明為主導，強調國家人民的精神文明在構成國家良好形象中的重要作用與地位，進而推動文明建設的發展。
文化為本	在塑造國家形象時，充分注重文化的重要意義和作用，以文化為載體，推動國家形象建設的發展。
注重長遠	要充分注重國家的可持續發展，以及人們社會性潛能的釋放，使國家形象設計能長期地得以連續展開下去。
關注現在，放眼未來	在國家形象建設過程中，注意某些積極因素，諸如思想觀點、市場環境、科技狀況、人的狀況、國際趨勢等的積極方面的影響增長與加強，不斷進行分析，以運動的眼光分析它，繼而進行形象策劃的不斷調整。
角色適當	在形象策劃過程中，它既要符合國家的發展戰略，又要凝聚民情眾意，要充分做好政府與民眾的橋樑，做好國家與外界的溝通環節。對內鼓舞公眾鬥志，對外擴大影響。
實事求是	在策劃整個過程中應注意要通盤考慮國家實際情況，以當時實際情況為依據，唯實操作，形象才能最終有發展前途，能真正推動國家的發展。

2. 全省／市性文化策劃

在全省／市範圍內的文化策劃，是指依據本省／市或本地區（城市）的實際情況，研究自身的特色之處，面向全國或全省／市來宣傳自身形象的文化策劃，為本省／市設置的形象，並努力把這種形象傳達給本省／市公眾和全國其他地區的民眾。

（1）全省／市性形象定位上的文化策劃

全國性形象定位是指，根據本省／市在全國範圍內的地理位置、資源狀況、人文環境、文化淵源和經濟實力等諸多因素，所做出的關於省／市在時間歷程和空間範圍上的地位與地區形象定位，主要有三種策略：

全 省／市 性 形 象 定 位 上 的 文 化 策 劃	
規劃定位法	指依據省／市所進行的發展戰略和發展規劃，對此進行定位。因此，要結合本省／市實際，提出一個大家比較滿意的形象，以此進行策劃活動。
民情分析定位法	指在充分考慮民情的基礎上，依據本省／市客觀條件，以改變本省／市形象為目的的形象策劃。
特色文化定位	挖掘本省/市的特色文化，包括歷史名人、寺廟古剎、考古發現等，針對本省／市獨特的文化元素進行開發宣傳，促進旅遊經濟的發展。

（2）全省／市性文化策劃的原則

為提升本省／市形象的文化策劃能夠順利地貫徹執行，能夠獲得預期效果，應採取以下原則。

全 省 ／ 市 性 文 化 策 劃 原 則	
戰略原則	要符合本省／市的發展戰略，做長遠打算，並在本省／市各種發展規劃和全局統籌工作的基礎上，綜合各種因素進行形象策劃。
公眾最大認同原則	要顧及公眾影響，尤其是要爭取最大的公眾認同和公眾支持，廣泛徵求、聽取公眾的意見和建議來展開形象策劃工作，切忌故步自封，主觀意識。
公眾需求原則	推出的形象使公眾的社會心理訴求和個人內心需求得到滿足，公眾的需求得到切實的滿足，進而就會產生一種群體自豪感和群體自信心，進而建立起一種公眾化的理想。
目標可行原則	推出的省／市級整體形象策劃目標要和當地實際情況相吻合，要保證公眾透過努力後最終是可實現的，並且符合該省市未來的發展規劃。
形象魅力最大化原則	省／市未來的整體發展形象要贏得公眾的一致贊同，就必須要有很強的公眾凝聚力，而不是透過強加方法來完成的。所以，省/市級形象策劃要爭取最大限度的公眾參與，積極、不遺餘力地為省／市未來形象建設工作付出努力。
形象個性突出原則	地區形象策劃一定要凸顯本地區的區域個性（特性），發揮自身的獨特優勢，最大程度地實現自身的發展。
形象結構優化原則	充分利用本省／市下屬的各市／縣／區級子形象的優勢，並進行結構優化組合。

3. 地方級（城市級）文化策劃

　　地方級文化策劃在宏觀上與省級文化策劃有類似的地方，省級文化策劃主要是針對本省和全國樹立良好的形象和推動整體的經濟發展，地區級策劃也同樣要面向本地區、全省和全國。

（1）提升城市形象的文化策劃

　　在進行地區形象策劃中，需要不斷地根據調整的地區整體形象策劃，進行城市規劃、建設和管理。主要從以下幾方面著手進行：

提升城市形象的文化策劃
1. 做好城市的總體佈局與設計，基本確定城市的性質、功能與效益，抓住關鍵環節，突出城市特點。
2. 努力舉辦一些有意義的活動，來烘托城市的濃厚文化氛圍。如宜蘭縣舉辦童玩節、風箏節，烘托宜蘭縣的文化氛圍。
3. 考慮建築設計原則時，應充分注意使居民過著穩定、健康而又充滿活力的生活方式。不要過多地興建脫離社情民意的娛樂設施，太過偏重商業利益的行為也應注意及時捨棄。
4. 注重教育、科技、文化設施的設計修建，以此為形象的主要展示點，方能給人深刻的印象。
5. 切實關注城市生態平穩和環境保護。沒有良好的生態環境，市民肯定不答應，經濟的發展也會缺乏後勁。
6. 注重城市、鄉鎮、農村三級模式的管理。不能建好，就不去管了。若不能管理好，那還不如不建，把資金用到其他需要的地方。
7. 保持乾淨整潔的市容市貌。又髒又亂的環境是不會吸引遊客和投資者的，保持整潔的市容市貌無需太多資金，卻能對提升城市形象產生很好的作用。

（2）提升市民形象的文化策劃

城市市民的外在形象和精神風貌，對提升城市地區形象也非常重要。對他們的文化策劃與設計，主要從以下幾方面入手：

提 升 市 民 形 象 的 文 化 策 劃
1. 對市區整體形象進行設計，將這種市民形象形成民眾的共識，進而激勵公眾，自覺地投身於地區形象建設過程中。
2. 對市民整體形象進行期望設計，即按民眾所期待的群體角色，來設計該地區未來市場的形象，以此來激勵人們向目標前進。
3. 著力強調市民的群體強者意識，努力讓民眾認識到群體強者心態的必要性。
4. 努力激發市民對人性美的追求，激發人們對良知的主動回歸，讓他們自覺地維護地區市民全體形象。
5. 逐步培育市民的良好品德，如在內外交往中守信，尊重他人，友好互助等，讓整個地區以一個友愛的群體出現。
6. 激勵市民努力追求現代化的健康生活目標，去過健康的生活方式，讓群體以一種質樸的形象出發。
7. 推動市民的個體形象設計，這主要是依據《市民公約》等一類的做法來達到約束，並力求做到家喻戶曉，婦孺皆知。

4. 公益團體的專業級文化策劃

在討論專業級文化策劃中，我們以社會公益團體舉行的公益活動策劃為例來進行分析，並以實際案例來加深理解：

香港「1：99」SARS獻愛心公益活動的文化策劃

任何文化活動的成功都離不開對活動的舉辦和策劃，公益活動做為一種典型

的文化活動，文化策劃是必不可少的。這裡針對「1：99」香港大型公益活動的
策劃案例進行詳解，簡要分析一些公益活動文化策劃的基本要點：

香港「1：99」SARS獻愛心公益活動文化策劃要點	
非常時期的高度關注	2003年「SARS」爆發之後，社會各界都紛紛行動起來，加入抗擊「SARS」的活動中來。活動利用這個契機，以「抗炎」為宣傳主題，獲得廣泛的民眾回應。因此我們可以看出，一次成功的文化策劃必須要有廣泛的民眾基礎。
關愛社會的主題定位	此次活動號召人們齊心協力，共同抗擊「SARS」疫情，並且盡每個人的力量去解決「SARS」所造成的各種社會問題。提出「愛別人就是愛自己」的口號，強烈地激發人們的愛心。從這裡我們可以看出，成功的文化策劃必須要體現社會關懷。
藝人登台演出，號召力強	香港「四大天王」再度聚首和眾多明星參加義演，光是演唱會募集到的資金就達到1780萬港元。明星或名人效應也是文化策劃中重要的環節。
媒體熱情助陣	此次活動由於許多藝人的加入，而且還進行各種推廣活動，因此也吸引大批媒體進行不遺餘力地跟蹤報導，這樣更增強此次活動的影響力。文化策劃要善於藉助媒體的力量。

Hong Kong

5. 博物館、劇院、美術館的文化策劃

（1）博物館的文化策劃

A、博物館的分類：

博 物 館 的 分 類	
社會歷史博物館	1. 歷史考古博物館（歷史史料和考古發現等）。 2. 軍事博物館（本國或本民族的戰爭史）。 3. 紀念類博物館（歷史人物和歷史重要時間的專題博物館）。 4. 民族民俗類博物館（地方民俗、少數民族歷史等）。
文化藝術博物館	美術博物館（古代、現代繪畫、工藝品等）。
科學技術博物館	展示歷史各個時期的科技成果等。
綜合性博物館	兼具自然科學博物館和社會科學博物館的內容。

博物館不僅有室內博物館，也有室外博物館，如：原址保存性的博物館。

B、博物館的管理與利用

博 物 館 的 管 理 與 利 用	
嚴格管理	1. 區分文物和收藏品等級。 2. 劃分檢索類別、分類存放、建立完整的檔案。 3. 建立日常工作和管理制度。
開放利用	透過對外開發發揮博物館的社會作用。透過舉辦展覽、科學研究活動等進行宣傳和教育民眾。

安全與維護	1. 科學保存收藏品。根據收藏品的物理性能考慮到環境溫度、濕度等因素對收藏品的影響。 2. 定期維護維修。對於破損的收藏品應定期檢查，及時維護維修，保障其完好。 3. 制訂參觀者的管理制度和監督，防止人為損壞。 3. 防火安全措施。
交流活動	1. 國際交流活動。透過國際間合作交流，展出收藏品，進行文化交流，增加館藏收入，以便購買和收藏更多、更好的收藏品。 2. 國內交流展出。在國內舉辦流動展覽，宣傳館藏文化，增加館藏收入。

（2）世界著名劇院

世界著名劇院	
法國巴黎歌劇院	拿破崙三世（Napoleon III）耗時15年在1875年建成，全名為加尼葉歌劇院（Opera de Garnier），是法國皇家歌劇院，也是當時歐洲最大的歌劇院。
紐約大都會歌劇院	大都會歌劇院（Metropolitan OperaHouse）是世界歌劇界一流的藝術殿堂，融合古典與現代於一體的建築風格。帕瓦羅蒂、多明哥、普拉西多、卡雷拉斯等世界著名歌唱家，都在此登台獻藝。
義大利米蘭斯卡拉歌劇院	斯卡拉歌劇院（Teatro alla Scala）號稱「歌劇的麥加」，自從 1870年誕生起，所有義大利歌劇大師都專門為它寫作過歌劇，所上演過的不朽名作有《奧賽羅》、《茶花女》、《諾爾瑪》等。
奧地利維也納國家歌劇院	維也納國家歌劇院（Wiener Staatsoper），有著希臘和羅馬式混合的建築風格，也是世界上最著名的歌劇院之一，素有「維也納的靈魂」之稱，劇院每年演出超過300多場。

倫敦莎士比亞環球劇院	莎士比亞環球劇院矗立於泰晤士河南岸、倫敦聖保羅教堂對面，是一座專為欣賞、研究莎士比亞及其同時代優秀劇作家的作品而建造的世界級劇院。
莫斯科大劇院	莫斯科大劇院是世界上最著名的劇院之一，也是俄羅斯歷史最悠久的劇院，它擁有非常出色的舞蹈家和歌唱家，芭蕾和歌劇具有很高的藝術水準，它的芭蕾舞比歌劇更加有名。
英國皇家歌劇院	英國皇家歌劇院不僅裝修富麗堂皇，而且音效極佳，是倫敦最負盛名的老牌歌劇院，享有國際聲譽的藝術家們，以來此登台獻藝為榮。
澳大利亞雪梨歌劇院	雪梨歌劇院是一座形如帆船的風景迷人的現代建築，是澳大利亞的標誌性建築，被稱為「最有靈感的建築」。

（3）美術館

A、美術的分類：

　　傳統的分類是：繪畫、雕塑和建築，但現在人們又加上了電子合成藝術和電腦製作藝術兩類。

美　術　的　分　類	
繪畫	使用筆、刀、烙鐵等繪製工具，墨、顏料等繪畫原料，在紙張、紡織物、木板、建築拱頂和牆壁等平面上，透過造型、構圖和上色等表現手法，創造出來的藝術形象作品。
書法	透過文字在書寫上的形態、顏色等形式的變化所表現出來的一種藝術。
雕塑	雕塑是指雕、刻和塑三種製作方法的總體稱呼。雕塑從表現形式上劃分為：圓雕、浮雕。 從材料上劃分有：石雕、銅塑、泥塑、蠟塑等。

工藝美術	工藝美術指實用品的造型設計和裝飾性美術。 分類： Ａ、日用工藝（染織工藝、陶瓷工藝等）。 Ｂ、陳設工藝（象牙雕塑、裝飾繪畫）。
建築藝術	透過建築群體舉辦與佈置、建築物的結構方式與內外空間舉辦、建築物的形體與立面形式、建築物的裝飾與色彩等各方面的處理，最後形成一種綜合性的藝術。 建築藝術的三個要素：堅固、美觀、適用。
電子合成藝術	把電子電路的功能結合到繪畫、雕塑、建築藝術之中形成的新的藝術表現形式。
電腦製作藝術	透過電腦軟體製作出來的具有結合動畫、聲音、光線的平面或立體藝術作品。
綜合	包括：裝幀設計、舞台美術設計、電影動漫美術設計等等。

B、美術館的功能：

美 術 館 的 功 能	
收藏	收藏是其主要功能。大的美術館都有豐富的美術收藏品，美術館不僅收集民間發現的古代作品，也收藏現代藝術家的作品。
展覽	美術館會定期或不定期的舉辦美術展覽，以滿足人們對藝術欣賞的需要。
學術研究	美術館收藏的很多古代作品和現代作品都具有作品所處時代的文化特徵，因此具有很大的學術研究價值。
文化交流與傳播	美術館舉辦展出和異地交流活動，以促進文化的交流與傳播。

研究探討篇

第十五章　世界著名的文化策劃流派

1. 奧運會文化策劃流派的崛起

迄今為止，奧運會已經有一百多年的發展史了，做為一種的文化觀象，它顯得尤為特殊，而且其社會意義也早已超越本身。奧運精神能夠激發人們愛國心、增強民族凝聚力，對於一個國家的政治、經濟、文化、科技、教育等各方面都有著不可估量的影響。

洛杉磯在1984年獲得舉辦權後，美國奧會主席彼得・尤伯羅斯（Peter V. Ueberroth）接受洛杉磯市長的要求，對本次奧運會進行整體的包裝策劃，並承諾自籌資金，不要政府一分錢，他的高明策劃主要有以下幾點。

尤 伯 羅 斯（Ueberroth） 的 成 功 策 劃	
把商業機制運用到奧運會上	在進行廣泛的調查和論證後，他找出歷屆奧運會虧損重要的原因，那就是沒有充分發揮它的經濟功能。尤伯羅斯指出，只有將商業機制引入奧運會的運作當中，深入挖掘奧運會的各種有利資源並將其金錢化和商品化，譬如：門票、紀念品等，才能使奧運會轉虧為盈。
廣告競爭，坐收漁利	物以稀為貴，人們對不能一下子得到的東西，愈有迫切的要求，也愈感到珍貴。因此尤伯羅斯利用人性的這一弱點，宣佈奧運會限制贊助商數量，且同行裡只選一家。結果，為了獲得奧運會期間展示其產品廣告的許多廠商競相提價。像百事可樂和可口可樂，日產汽車公司和通用汽車公司以及美國三大電視網等紛紛送廣告上門。奧運會的廣告贊助收入大大提高。

廣開財源	廣開財源也是尤伯羅斯的一個閃亮的策劃點。其中一個是，誰願意出資誰就可以持傳遞聖火走上一段，這樣不但可以增加收入，而且滿足一部分人想持奧運會聖火的意願。同時，他把奧運會的徽章、標誌、吉祥物做為專利出售給以此做廣告資料的人。這使奧運會的收入得到大量增加。

由於尤伯羅斯的精細策劃，舉辦得力，經營有術，結果預算費用為5.25億美元的第23屆奧運會，不但沒有虧損，反而盈利2.5億美元，這是奧運史上的一個奇蹟。為此在閉幕式上，國際奧會主席薩馬蘭奇（Samaranch）向尤伯羅斯頒發一枚特別的金牌，以表彰他籌辦第23屆奧運會的功績。

2. 財富的魔方──牛仔褲文化策劃流派

牛仔褲變得如此盛行，是與經營者把該產品做為一種「文化」產品進行策劃、包裝，進行宣傳是分不開的。牛仔褲的發明人叫李威‧斯達斯（Levi Strauss）。他原籍德國，1850年到美國西部加入淘金熱潮。當時年僅20歲的他，到三藩市後發現，淘金並非理想之行業。他成功的開了一家日用品小店，為他以後的發展累積大量的資金，更重要的是培養他敏銳觀察市場的能力。

牛 仔 褲 的 文 化 策 劃	
帆布帳篷，觸發靈感	有一次他偶然發現工人們的褲子，經常有大洞、小洞，而露營帳篷卻很結實。於是他趕快使用帳篷帆布縫製一批褲子，結果，很快被礦工們搶購一空。 就這樣，李威‧斯達斯開始利用累積的資金開設專廠生產這種帆布褲子，源源不斷地供應給數以萬計的淘金工人。

實用化設計	李威認真研究礦工們的工作特點，不斷改進褲子的樣式和設計。 1. 考慮到工人們經常把礦石樣品放進褲袋，用線車縫容易裂開，他很快把褲子臀部的口袋從線車縫改為金屬釘釘牢，扣子改用銅與鋅合金的。 2. 為了方便礦工們收集不同礦石樣品，他在這種褲子上不同的部位縫製多個口袋，這些改進都滿足了礦工的需求。
舒適化改進	李威後來又覺得帆布太硬，穿著總有不舒服感，於是，他改用法國出產的嗶嘰布料加工，並在設計上加以改進，使它縫得比較緊身一點。 就這樣，牛仔褲的獨特風格開始形成。直到現在，它的風格仍沒有改變，它已做為一種文化存在人們的記憶裡。一提起牛仔褲人們就會自然而然地想起，「銅釦，緊身，多袋」。
定位城市市場	李威不滿足於西部牛仔市場，開始為產品重新定位，樹立它的新形象，進軍城市消費市場。他不惜投入巨額資金，在美國的廣播、電影、電視和各種新聞媒體大肆宣傳，使美國的年輕人、大學生逐漸對它產生喜愛，當成一種時髦服裝穿起來。
瞄準國際市場	李威‧斯達斯不甘心牛仔褲在國內的火爆，他又瞄準國際市場。李威出高額費用贊助當時的一個全美最流行的搖滾樂隊去歐洲進行巡迴演出，條件之一，就是穿他們生產的牛仔褲。首先使哪些歌迷們迷上牛仔褲，而後是歐洲整個青年階層都愛上牛仔裝。 李威‧斯達斯透過類似的手法把牛仔褲與當地的文化有機地結合起來，「牛仔褲文化」熱潮一波高過一波，「牛仔褲文化」形象很快在全球樹立起來。

如今該公司早已成為世界著名的大企業，李斯‧斯達斯繼承人始終堅持李威‧斯達斯所強調的一條原則，那就是「注重產品的形象，只有穿牛仔褲的人才能瞭解顧客的心理。」

3. 科學的勝利——文藝復興文化策劃流派

　　歐洲的「文藝復興」，是歐洲文化的真正開始，在此以前，歐洲人長期生活在神學之中。

　　「文藝復興」是歐洲思想和文化發展的一個重要時期（14～16世紀）。「文藝復興」一詞源於法文「renaitre」，其意原為「再生、復活、復興」。義大利藝術史家喬治奧·瓦薩利（1511～1574）在其《繪畫、雕塑、建築名人傳中》，用「再生」一詞來概括這個時期文藝活動的特點。隨著工商業的發展，14世紀，義大利出現剝削雇傭工人的手工工廠，企業主和富商開始演變成資產階級（Bourgeoisie）。這種資產階級文化運動史稱「文藝復興」。

文 藝 復 興 文 化 策 劃 流 派 的 產 生 與 發 展	
產生的根源	很長一段時期，天主教會一直扮演著西方封建制度精神支柱的角色，教會透過宣揚「唯上帝論」，對人們進行宗教洗腦，主張上帝信仰，要求人們禁斷慾望，消極忍耐，死後方能升入天堂。這種「神中心」論禁錮了人們的思想，使人們的智慧和創造力遭受到極大的扼殺。
人文主義的興起	以旦丁（Dante）、達·文西（Da Vinci大陸譯為「達芬奇」）等為代表的知識分子力求擺脫教會對人們的束縛。他們透過自己的筆，透過自己的藝術行動，鞭撻封建神學，頌揚資產階級人文主義。

人文主義學派	其代表人物有旦丁、達·文西、彼特拉克（Petrarca）、米開朗基羅（Michelangelo）等。 1. 他們取材於現實生活，同時藉助古希臘、羅馬的世俗文化來抨擊以神學中心論的封建文化。 2. 在創作過程中，他們使用希臘、羅馬作品中的文體、結構和修辭，以及有關的文學、哲學和歷史方面的內容。 3. 他們抨擊教會的黑暗，使封建統治的思想基礎發生動搖，這為後來的資本主義制度摧毀封建制度的抗爭起了重要的促進作用。
文藝復興的先驅 ── 旦丁和他的神曲	為反對宗教神學，旦丁進行一次系統性的文化策劃，他將自己的主張以及想法和意願綜合性地融入自己的作品《神曲》之中，將其全面地推向人民。
神曲的意義	《神曲》突出地表現旦丁的愛恨分明。他在作品中，對無政府狀態的封建社會、教皇陰險的圖謀、初期資本主義的罪惡、人的私利心、荒淫迷亂和貪婪給予強而有力的諷刺和披露。旦丁讚揚歌頌人們堅強的意志和高尚的精神，謳歌人間的美，相信邪惡終將會被善良所戰勝。
文藝復興的巨人 ── 達·文西	達·文西，生於佛羅倫斯附近的文西鎮，自幼從師學習繪畫和雕刻，由於他的天才和勤奮，他在青年時就取得繪畫方面的成就。 達·文西為了使自己的作品形象逼真，他細心觀察自然界中植物的生長發育和動物的活動姿態，他還解剖過30多個人的屍體。由於他對人體結構有深入的瞭解，因此他的人物畫像比例勻稱，栩栩如生。
渴望人文主義之父 ── 彼特拉克	身為詩人的彼特拉克，他忘我地探究古典文化，第一個提出用「人的學問來代替神的學問」的主張，被人們奉為「渴望人文主義之父」。他的愛情詩歌集深刻地抨擊腐朽的教皇，抒發對義大利和平統一的渴望。彼特拉克譴責教會說：「善良在哪裡凋謝，邪惡在哪裡滋長。」

科學戰勝神學	哥白尼反神學的日心說，還有以後的布魯諾（Bruno）、開普勒（Kepler）、伽利略（Galileo），這一系列的活動，都是一個個策劃活動的完美組合。經過一系列的策劃，自然科學在反對封建神學的抗爭中取得劃時代的發展。特別是確立新天文學說。

4. 民主的先聲──啟蒙文化策劃流派

　　18世紀，正當法國的舊制度已顯露衰敗的跡象，波旁王朝危機四伏，政府入不敷出，經濟瀕臨破產，徵收新稅，遭到特權等級的反對。當時法國的資本主義經濟較為發達，但腐朽的波旁王朝阻礙資本主義的發展。法國社會等級森嚴，特權等級佔有大量土地，享有特權，待遇優厚，在第三等級中，廣大勞動人民是最受剝削和壓迫的。此時法國已坐在火山口上。

　　此時的法國開始湧現出一大批啟蒙思想家。他們痛斥封建專制制度的黑暗，反對教會神學，宣揚人生而自由、平等，為向封建統治宣戰提出口號。這些思想家有伏爾泰、孟德斯鳩、盧梭等。

啟 蒙 文 化 策 劃 流 派 代 表 人 物	
伏爾泰 (Voltaire)	伏爾泰（Voltaire 1694～1788），18世紀法國啟蒙思想家、文學家、史學家、哲學家。伏爾泰強烈地對封建專制制度和黑暗腐朽的天主教會進行批判，主張政權應當由開明的君主執掌，肯定資產階級的自由與平等。他認為，國家的目的在於保護政治自由，而自由就是每個公民有權去做法律許可的事。

孟德斯鳩 (Montesquieu)	孟德斯鳩（Montesquieu 1689～1755），法國啟蒙思想家和法學家。他的政治思想是三權分立。他把政權結構分割為立法、行政、司法三部分，強調互相之間的獨立和彼此的約束：立法權必須被人民（代表）所掌控，君主擁有行政權，法官擔任司法權。三權分立的政治理論，後來被美、法等國家做為立憲的基礎理論。
盧梭 (Rousseau)	讓・雅克・盧梭（Jean Jacques Rousseau 1712～1778），法國啟蒙思想家、文學家、哲學家。代表作《社會契約論》。 他的學說提倡人民主權，人民是國家主權的來源，人民有權任命、監督和罷免行政首領，有權決策國家執政形式，有權發動推翻專制制度的起義。同時他強調，社會上每個人都應遵守公共意志，不能把私利凌駕於社會之上。他認為人人生而自由、平等，這種權利是天賦的，私有財產的確立是導致不平等產生的直接原因。

5. 名人的魅力——明星文化策劃流派

　　明星由於有眾所周知的影響力，他們本身也蘊育著巨大的經濟利益。發掘好明星文化，做好明星文化的策劃歷來為眾商家所重視。下面這個案例頗為典型。

明 星 Lacoste 的 成 功 策 劃	
網球明星的誕生	法國網球名將Rene Lacoste在20世紀30年代初期的一次國際錦標賽中，以頑強的毅力和精湛的球技擊敗稱雄一時的美國選手，成為首位加冕這個項目的法國人。這使得極富民族感的法國人瘋狂般地崇拜上Lacoste。
鱷魚的綽號	Lacoste在球場上的頑強精神，也為自己贏得「鱷魚」的美名，意為：如「鱷魚般咬住不放」的頑強精神擊敗對手。Lacoste習慣在賽場上穿網眼織法的運動衣，因此許多崇拜者也紛紛效仿，無形中就形成一種潮流。

鱷魚商標	Lacoste1933年退休後抓住機遇成立自己的（Lacoste）公司，把「鱷魚」商標繡於在網眼織法的運動衣上，投入大量生產。產品投入市場前，Lacoste用自己擊敗美國網球王時的照片做大量的廣告。受「嚮往成功」、「羨慕名將」的心理作用，服裝剛一上市，便引發購買狂潮。不久，「鱷魚」牌服裝便享譽法國甚至世界，銷售量年年攀升。
品質的改進	「明星產品」策劃的成功，並沒有使Lacoste就此止步。他不斷地進行產品改進。Lacoste是運動員出身，他很清楚運動衣吸汗、伸縮堅韌以及柔和舒適的重要性，於是他求教專家和工程師，使用優質的棉紗，以獨創的「雙線雙眼特殊針織法」製作成服裝。改進後的服裝手洗、機洗均不變形或褪色。從此，Lacoste服裝品牌更加響亮。
產品的延伸	Lacoste在創始「鱷魚」品牌之日起，便以自己的名人效應拓展市場。他多面出擊，把運動服裝形式向男性、女性和兒童全面擴展，推出「全家福系列」。行銷方面，採取各種通路，建立起國內外多面擴展的行銷網路，贏得廣闊的市場空間。

6. 名稱的寓意──品名文化策劃流派

　　商品的品名（Description），勝似一篇文章的題目。品名取得是否貼切和恰當，對顯示商品的特色，加強它對顧客的吸引力都有密切的關係。品名是企業文化、商業文化的重要內容之一，因此品名的好與不好，直接關係到企業的生存與發展。

（1）品名策劃的基本原則

　　對商品品名的確立必須要有一個明確的策劃過程，要遵循一定的原則。商品品名的確立通常有五個原則：1. 容易看；2. 容易聽；3. 容易寫；4. 容易讀；5. 容易理解。

　　看似簡單的五句話，但裡面包含著豐富的內容。如果能遵循這五個原則，再加上商品本身的品質和款式都好，那麼企業的銷售就容易擴大。

（2）成功品名策劃案例

　　綜觀世界經濟發展，各個名牌的形成，都可看出其品名的命定是十分考究的。

成功品名策劃案例分析	
可口可樂	美國的可口可樂飲料，英文名稱為「Cocacola」，譯成中文為「可口可樂」，它既保留了英文名字的發音，易聽、易記、易寫，又含有好意，如喝了以後清涼可口、心曠神怡。正因為這個名字想得好，使可口可樂既暢銷於西方市場，又行銷於東方市場。 類似的例子還有很多，如耐克鞋。耐克就有品質高、經久耐穿的意思。
「當選」酒	日本商界對產品的命名很考究，老闆們為了找到一個最好的品名，除了請專家學者策劃外，還採用集思廣益的辦法，如發動本企業員工提建議，從大家的各種建議中找出候選名稱。建議被選中者，給予重獎，以資鼓勵。 日本靜岡縣有一家很小的酒廠，長期以來苦於生意不振，面臨倒閉，該廠老闆請專家、學者為自己的產品策劃一個好名稱。經過專家的精心策劃，結合日本很快要大選的黃金時節，決定用「當選」為酒的名稱。 之後，該酒廠老闆隨著各競選者的廣告在各地出現，自己以「當選」牌酒大登廣告。果然名稱的效果顯現出來，訂單如雪片般飛來，從此這家小酒廠的貨常常供不應求，不得不擴大生產，兩三年時間就擴展成為一家大企業，小老闆也成為富翁。

（3）日本商界的品名命名經驗

日本商界給自己產品命名逐漸摸索出一條路子。因此他們總是一鳴驚人，總而言之有以下三條經驗（或方法）：

日本商界的品名命名經驗	
專家命名	請銷售、行銷、廣告方面的專家專門為新產品的名稱進行策劃。
企業家們親自命名	企業家經過自身商戰的親身經驗，比較瞭解市場，瞭解顧客的需求心理。例如豐田公司的名牌小車Corolla就是他們的總裁所想出來的，其意義是用花瓣串成的花環，意義好，讀起來朗朗上口，十分易記。
發動公眾參加命名競賽	商家通常認為命名時音重於義，品名唸起來應悅耳而不饒舌，如「啊歐」之類的長母音就很好聽，他們對「AB」二音則很反感。他們認為無論意義多好，名字首先得與商品本身有關係才行。

結語

世界文化博大精深，文化策劃也是源遠流長，它可以從不同的角度劃分出不同的流派。本節只是簡單地從體育、經濟、政治等幾方面做簡單的論述，與讀者共同探討，共同學習。

國家圖書館出版品預行編目資料

文化策劃實務／李錫東著
－－第一版－－ 台北市：宇河文化出版；
紅螞蟻圖書發行，2009.08
面　　　公分－－(文化與創意；03)
ISBN 978-957-659-712-1 (平裝)

1.文化產業 2.企劃書

541.29　　　　　　　　　　　　　98005225

文化與創意　　03

文化策劃實務

作　　　者／李錫東
美術構成／Chris' Offic
校　　　對／楊安妮、朱慧蒨、李錫東
發 行 人／賴秀珍
榮譽總監／張錦基
總 編 輯／何南輝
出　　　版／宇河文化出版有限公司
發　　　行／紅螞蟻圖書有限公司
地　　　址／台北市內湖區舊宗路二段121巷28號4F
網　　　站／www.e-redant.com
郵撥帳號／1604621-1　紅螞蟻圖書有限公司
電　　　話／(02)2795-3656（代表號）
傳　　　眞／(02)2795-4100
登 記 證／局版北市業字第1446號
數位閱聽／www.onlinebook.com
港澳總經銷／和平圖書有限公司
地　　　址／香港柴灣嘉業街12號百樂門大廈17F
電　　　話／(852)2804-6687
新馬總經銷／諾文文化事業私人有限公司
新 加 坡／TEL:(65)6462-6141　FAX:(65)6469-4043
馬來西亞／TEL:(603)9179-6333　FAX:(603)9179-6060
法律顧問／許晏賓律師
印 刷 廠／鴻運彩色印刷有限公司
出版日期／2009年 8 月　第一版第一刷

定價 280 元　港幣 93 元

ISBN 978-957-659-712-1　　　　　　Printed in Taiwan